일본 여행을
가장 행복하게 하는 방법

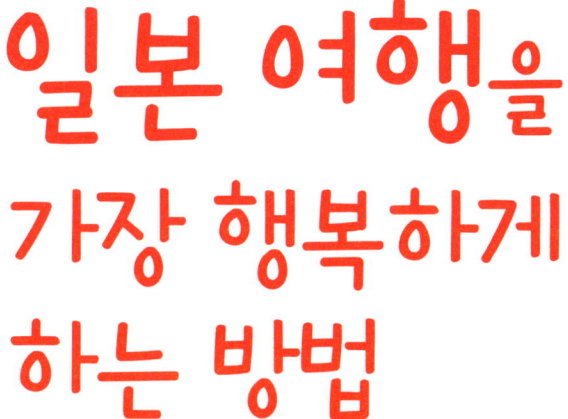

일본 여행을 가장 행복하게 하는 방법

허근희 지음

두드림미디어

프롤로그

여행은 우리의 인생을
가장 풍요롭게 만드는 행복한 일

여행을 떠날 수 있다는 것만으로도 우리는 행복한 사람이다. 인생에서 가장 행복한 것은 사랑하는 사람과 함께 낯선 곳을 여행하고, 그 과정에서 만든 소중한 추억이다. 가이드 일을 하는 내게 여행을 떠나온 분들의 얼굴에서 웃음꽃이 피어나는 것을 보는 것은 가장 큰 기쁨이다. 손님들과 동거동락하며 3일에서 4일 동안 함께 시간을 보내다 보면 여행하는 방식에 따라 각자 살아온 인생의 흔적이 고스란히 드러나는 것을 느낄 수 있다. 나의 대부분의 손님들은 한평생 열심히 일하며 사셨고, 어느덧 나이도 들고 얼굴에는 주름이 지고, 자신의 행복보다는 가족을 위해 살아오신 부모님 세대다. 그분들은 비로소 자신을 위해 오롯이 시간을 내서 큰 마음을 먹고 여행을 떠나오시는 경우가 많다.

하지만 여행이라고 해서 즐거움과 기쁨만 기다리고 있는 것은 아니다. 여행은 사건과 사고의 연속이고, 말도 안 통하고 문화도 다른 외국에서 큰 기쁨보다는 어쩌면 피로감을 더 느끼게 될 수도 있다. 그래서 나는 그런 손님들에게 첫날 제일 먼저 여행을 행복하게 하는 방법에 대해 말씀드리고는 한다.

　나는 무언가를 진득하게 하는 끈기가 부족하고, 콤플렉스 덩어리에 두려움이 많은 성격이었다. 그랬던 내가 해외 여행 인솔 업무라는 일을 하고 어느덧 15년이라는 시간이 지났다. 무엇하나 잘되는 게 없고, 두렵고, 암울한 소용돌이에서 헤어나올 수 없는 인생이라고 생각했던 적도 있다. 그랬던 내가 30대에 들어서면서 시작하게 된 일본 여행 인솔 업무는 나에게 자신감을 찾아주고, 나라는 사람의 존재감을 느끼게 해주고, 내가 다른 사람에게 즐거움을 줄 수 있다는 행복감을 느끼게 해준 일이다. 그래서 나는 지금의 이 직업을 천직으로 여긴다.

　흔히 일본은 가깝고도 먼 나라라고 말한다. 그만큼 일본에 대해 낯설어하는 사람은 비교적 적은 편이지만, 어쩔 수 없는 미묘한 감정들을 가지고 일본을 바라보기 때문에 있는 그대로의 일본을 즐기는 것은 조금 어려운 일인지도 모르겠다. 여행은 아는 만큼 보이고 보이는 만큼 즐길 수 있다. 지금 여기에 존재하며 기쁨을 느끼는 만큼 자연과 경치는 더 아름다운 모습들을 우리에게 보여준다. 그래서 일본으로 여행을 떠나기로 결심한 분들에게 조금이라도 도움이 될 수 있으면 좋겠다는 마음을 담아 이 책을 쓰게 되었다.

　책을 쓰는 일은 나에게 또 하나의 도전이었다. 책을 쓰겠다고 결심하고 실행하기까지 많은 용기가 필요했다. 목차를 정하고 목차에 맞는 글을 하나하나 완성해가는 일은 내가 살아온 인생의 훈장과도 같고, 나의 삶의 흔적을 되돌아보는 감동적인 작업이었다. 프롤로그에 들어갈 이 글을 작성할 때는 주체할 수 없는 뜨거운 눈물이 흘러내리기도 했다. 이 책을 쓰기까지 수많은 경험과 손님과의 만남이 있었고, 그 안에 성장과 배움이 있었다. 그리고 여기까지 오는 길은 많은 좋은 사람들이 얼마나 나를 사랑해주었는지 느끼는 과정이기도 했다.

이 책은 총 5장으로 구성되어 있다. 일본에서 가장 대표적인 지역이자 손님들이 많이 찾는 오키나와, 홋카이도, 오사카·나라·교토, 도쿄, 규슈 다섯 지역이 가지고 있는 고유의 매력과 정서, 그리고 각 지역을 여행하면서 겪었던 다양한 에피소드를 담았다. 일본 여행을 계획하는 분들에게는 여행을 준비하는 과정의 설렘을 미리 느껴보는 기회가 되기를 바라고, 당장 여행 계획은 없어도 일본에 관심 있는 분들에게도 이 책이 설렘을 줄 수 있기를 바란다.

책을 쓸 수 있도록 책 쓰기 노하우를 전수해주신 '한국책쓰기강사협회'의 김태광 대표와 동기부여로 자신감을 불어넣어주신 '위닝북스'의 권동희 대표, 첫 책을 출판하게 도움을 주신 출판사 두드림미디어 분들에게 감사의 인사 전한다.

이 책은 내가 썼지만, 나 혼자만의 이야기가 아니다. 많은 동료 인솔자들로부터 듣고 배운 내용이 녹아 있다. 특히 나의 반려자이자 동료인

심규열 인솔자의 귀한 정보에 감사한다. 남편은 북해도 여행을 오셨던 손님이 소개해주셨다. 변변히 인사 한번 드리지 못했는데, 이 지면을 빌려 그분께도 감사를 전한다. 행복한 여행을 기획하며 일할 수 있는 기회를 제공해준 모두투어 임직원 분들에게도 감사의 인사를 전한다. 손님과 인솔자가 만나서 함께 여행을 떠나기까지는 호텔, 숙박, 항공티켓, 현지 수배 등 여행업에 관계된 많은 분들의 헌신이 있는데 그분들께도 감사를 전한다.

사랑으로 키워주신 부모님께 감사의 인사를 드린다. 눈물 많고 정 많은 허남주 아버지 또한 관광업에 종사하신다. 헌신적이고 열정적인 내 성격은 강화자 어머니를 닮았다. 허은 오빠와 전명란 새언니, 막냇동생 허열, 그리고 쌍둥이 조카인 허유연, 허연하, 가족으로 함께해주어 고맙고 사랑하는 마음을 이 지면을 빌려 전한다.

여행을 오시는 손님들과 여행을 구성하는 모든 이들이 서로에게 감사하며 사랑할 수 있고, 보다 행복한 여행문화를 만드는 데 조금이라도 도움이 된다면 더할 나위 없는 영광이겠다. 나의 사랑하는 가족과 여행업에 종사하는 모든 동료들, 그리고 여행을 떠나와주신 모든 손님들에게 다시 한번 감사와 사랑을 전한다.

허근희

 CONTENTS

프롤로그　　　　　　　　　　　　　　　　　　　　　　　　　4

1장
오키나와 꿈꾸는 순간 여행이 시작된다

신성한 고래상어가 유영하는 곳　　　　　　　　　　　　　12
츄라우미, 아름다운 에메랄드 바다　　　　　　　　　　　　19
끝없이 펼쳐지는 에메랄드 비치　　　　　　　　　　　　　25
오키나와가 아니면 알 수 없는 것들　　　　　　　　　　　　31
오키나와가 나에게 가르쳐준 것들　　　　　　　　　　　　38
영혼이 고갈되었을 때 떠나는 오키나와　　　　　　　　　　45
오키나와로 떠나기 전에 알아야 할 7가지 행복의 기술　　　　52

2장
홋카이도 보랏빛 라벤더 낭만의 도시

내가 홋카이도를 사랑하는 이유　　　　　　　　　　　　　60
도착하는 순간 사랑이 시작된다　　　　　　　　　　　　　66
보랏빛 라벤더 낭만의 도시　　　　　　　　　　　　　　　72
낭만의 설원에서 충만함을 느껴라　　　　　　　　　　　　78
홋카이도의 향기가 자꾸자꾸 좋아진다　　　　　　　　　　84
여행은 꿈꾸는 순간 시작된다　　　　　　　　　　　　　　90
함께 떠나고 홀로 여행하라　　　　　　　　　　　　　　　96

3장
오사카, 나라, 교토 동서양의 매력이 공존하는 곳

천천히 여유롭게 교토 골목을 걷다	104
비슷한 듯 다른 간사이와 간토	111
진짜 일본을 만나는 시간, 나라	117
동서양의 매력이 공존하는 곳, 고베	123
일상의 매력이 넘치는 오사카 텐진바시	130
오사카를 상징하는 다리, 도톤보리	136
먹고 싶다, 보고 싶다, 사고 싶다	142

4장
도쿄 모든 것을 한눈에 누릴 수 있는 종합 선물세트

걷는 것만으로도 설레는 도쿄	150
시부야, 하라주쿠, 신주쿠, 긴자	156
일년 내내 짜릿한 도쿄	162
일본의 종합 선물세트	168
무엇을 꿈꾸었든 모든 장면이 녹아 있다	174
소소하지만 확실한 행복이 녹아 있는 도쿄	180
이 맛에 도쿄 간다	186

5장
규슈 천의 얼굴, 일본 신화의 성지

도자기, 지금의 일본을 만들다	194
도자마 다이묘, 세상을 바꾸다	200
천의 얼굴, 일본 신화의 성지	206
규슈가 주는 뜻밖의 선물	213
내 가슴에 바람이 분다	219
내 인생에서 힘이 되어준 규슈 여행	225

1장

오키나와
꿈꾸는 순간
여행이 시작된다

신성한 고래상어가
유영하는 곳

우리가 누군지 봐

우린 꿈꾸는 사람들이야

우린 이뤄낼 거야

우린 볼 수 있으니까

여기는 열정을 가진

사람들의 곳이야

존경해

여기는 상상할 수 있는 사람들을 위한 곳이야

존경해

신에게 기도해(ala hu la dan)

혹독하게 길었던 코로나가 끝나고 거의 2년 반 만에 내가 일본 인솔자로 복귀하던 전날 BTS의 정국이 〈Dreamers〉라는 노래로 카타르 월드컵의 개막을 알렸다. 중동 월드컵에서 최초로 한국 가수가 개막송을 부르다니! TV를 통해 보면서도 믿기지 않았다. 반짝반짝 빛나는 의상을 입고 전 세계인들을 매료시킨 역동적인 퍼포먼스와 박진감 넘치는 선율의 멜로디는 코로나로 지친 사람들을 위로하고 응원했다.

그러나 그전에 그건 마치 나를 위한 세리머니 같았다. 나는 그 노래를 밤새 들으며 일본으로 출장을 가게 되는 설렘을 곱씹고 또 곱씹었다. 꿈같은 현실에 심장이 뛰고 흥분되어 쉽게 잠들 수 없었다.

이어폰을 꽂고 〈Dreamers〉 노래를 계속 들으며 공항으로 향하는 모든 순간을 음미하고, 기억하려고 했다. 차를 기다리면서 새벽의 차가운 공기를 들이마시고, 설레고 행복했다. 차에 짐을 싣고 공항으로 향하는 순간순간이 꿈으로 가는 길목이었다. 새벽녘 거리의 희뿌연 가로등 불, 열 맞춰 서 있는 가로수가 마치 내 시작을 응원하는 레드카펫인 듯, 각자의 사명을 다해주고 있었다. 오랜만에 느껴보는 낯설고 그리웠던 광경이었다. 그리고 참으로 아름다웠다.

나를 태우고 인천공항으로 향하는 버스가 마침내 영종도를 지날 때 그 익숙하고도 친숙한 광경에 마침내 안도했다. '그래 이건 꿈이 아니야, 정말 현실이야, 나는 드디어 내 자리로 돌아가는 거야'라며 말이다. 넓게 펼쳐지는 바다와 중간중간 떠 있는 섬들을 바라보며 저 멀리 하늘을 날아가는 비행기를 바라보았다.

　드라마 〈여인의 향기〉의 첫 장면에서 주인공인 김선아가 오키나와의 코우리지마 대교를 스포츠카를 타고 건넌 후 꿈에서 깨며 드라마가 시작되는 것처럼 나는 이것이 혹시 꿈은 아닐까 짐짓 두렵기도 했다. 두려움과 설렘은 함께 오지만 두려움은 늘 한발 앞서는 법이니까.

　다행히 인천 하늘공원이 펼쳐지며 드넓은 평야와 그 하늘 위로 비행기가 이륙하는 모습을 보며 꿈같은 현실에 감사했다. 나에게는 공항을 가서 비행기를 타고 외국을 여행하는 것이 당연한 일상이었던 시절이 있었다. 그런데 이번에는 마치 이 세상에 태어나 고작 집 앞마당이 세상의 전부인 줄 알고 살아가다 처음으로 집 밖으로 나서는 기분이었다. 모든 게 신기하고 새로웠다. 2년 반 만에 공항에 첫발을 내딛었을 때 나는 비로소 안도의 한숨을 내쉬었다. 익숙한 공항의 냄새, 중앙의 큰 전광판, 어디론가 떠나는 기쁨에 들뜨고 설레는 표정의 사람들로 가득한 그 공항에서 새삼 감동스러웠던 그때를 지금도 잊을 수가 없다.

　나는 단체여행을 인솔하는 해외여행 가이드다. 한 달에 거의 100명, 일년이면 1,000명 이상의 손님을 모시고 일본 전역으로 여행을 떠난다. 홋카이도, 도쿄, 오사카, 규슈, 오키나와를 비롯해 일본의 소도시까지 함께 여행한다. 주로 2박 3일에서 4박 5일에 걸쳐 손님들과 동거동락하며 일본 전역을 안내한다.

여행을 오는 손님들은 나이대도 다양하다. 엄마 뱃속의 아기부터 90세 어르신까지 전 세대를 아우른다. 여행 모임의 성격도 다양해서 가족 모임, 동창 모임, 기업 인센티브 여행 등 가지각색이다.

태어나 처음 해외여행을 떠나는 분들도 있다. 안타깝게도 몸이 아픈 반려자를 위한 마지막 여행도 있다. 모임의 성격도 이유도 각각이지만 여행을 떠나는 사람들에게는 공통점이 있다. 바로 인생의 귀중한 돈과 시간을 행복을 위해, 자신을 위한 선물로 쓰겠다는 기대감에 들떠 여행을 시작한다는 것이다.

이렇게 설렘과 행복을 위해 시간과 돈을 쓰려는 사람들과 함께한다는 건 더할 나위 없는 축복이다. 하지만 알고 있는가? 여행은 짐 부치기 전까지가 가장 행복하다는 사실을 말이다. 막상 여행을 시작하면 그때부터는 생각지도 못했던 각종 사건 사고들이 기다리고 있다.

"트래블(Travel) 이즈 트러블(Trouble)!".

집을 나서는 순간 험난한 여정의 시작이다. 그래서 나는 이 책을 쓰고 있다. 15년 이상 일본 여행 인솔 일을 하며 행복한 여행을 위해 해온 내 경험담을 통해 여행을 떠나려는 분들에게 조금이라도 도움이 되고 싶다. 나는 누구보다 내가 하는 일을 사랑한다. 내일 지구가 어떻게 된다고 해도 나는 여행을 떠날 것이다. 그래서 나는 내 직업을 천직이라고 여긴다.

단란하게 가족 3대가 함께 여행하는 모습을 보면 참 부럽다. 아이러니

하게도 나는 부모님을 모시고 떠나는 해외여행을 한 번도 해보지 못했다. 어린 시절에 떠났던 국내 가족여행도 크게 즐거웠던 기억이 없다. 막상 여행 계획을 세워도 아빠는 시간을 잘 지키지 못했다. 화가 난 엄마는 아빠와 나란히 앉지도 않아서 여행지에서 혹시라도 다툼이 일어나지는 않을까 마음을 졸여야 했다.

여행지에서 구워 먹으려고 준비한 고기는 제대로 보관하지 못해서 상해버렸고 결국 김치 국물에 밥을 비벼 먹어야 했다. 설상가상으로 아빠는 차 키를 어딘가에서 잃어버려 어두워진 계곡 길을 구석구석 찾아 헤매야 했다. 결국은 아빠 친구를 불러서 해결해야 했는데, 그때 아빠 친구는 굶고 있을 우리를 위해 초코파이를 사 오셨다. 그때 먹은 초코파이가 어찌나 꿀맛이었는지, 아직도 그 맛을 잊지 못한다.

물론 여행은 다 지나고 보면 힘든 만큼 소중한 추억이고, 여러 사건이 있었던 만큼 추억하는 맛이 있기는 하다. 그래서 여행은 즐거웠던 기억도 힘들었던 기억도 추억이라는 선물을 남겨준다. 그리고 보면 여행을 다녀온 후 곱씹을 수 있는 추억이란 것이 여행이 주는 가장 큰 선물이 아닐까?

나의 가장 행복했던 여행을 꼽으라면, 어린 시절 동네 친구들과 도시락을 싸서 가까운 강가에 소풍 간 기억이다. 작은 도시에는 어디에나 시내 가운데를 흐르는 강이 있다. 강물이 흘러가는 물소리, 시원한 바람, 내려쬐며 반짝이는 햇살에 더할 나위 없는 충만함을 느꼈다. 거기에 친구들과 깔깔거리며 도시락을 까먹으면 세상에서 제일 행복했다. 사각 도시락 위에 계란프라이 하나 올린 소박한 도시락이었지만, 씹을수록 고소한 밥맛과 기름에 구운 계란이 꿀맛이었다.

작은 소풍이었지만 나에게는 가장 행복한 여행이었다. 무엇이 그렇게 우리를 행복하게 했을까? 여행이 주는 즐거움이 함께라는 연결감을 주고, 자연을 벗 삼아 자유로움을 느꼈기 때문이 아닐까? 우리가 해외여행을 떠나는 것은 일상에서 탈출해 낯선 곳의 좋은 것을 보며 특별한 행복감을 느끼고 싶어서이지만, 가장 중요한 것은 결국 가득 채워지는 충만한 감정을 바라기 때문이 아니겠는가!

그래서 나는 일본 지역 중에서도 오키나와를 제일 먼저 소개하고자 한다. 일본 여행을 가장 행복하게 하는 방법에 있어 내가 어린 시절 가장 행복했던 여행의 조건을 갖춘 오키나와를 안내하고 싶은 것이다. 오키나와 여행을 하는 많은 분들이 일본 전역을 다 여행한 후에 갈 데가 없거나, 일본 여행의 마지막 종착점으로 오키나와를 꼽는다. 그래서 일본이라는 여행지를 기대하고 왔다면 실망할 것이고, 두 번 올 곳은 아니라고 말하기도 한다.

오키나와는 공항에 내리는 순간 자위대의 군 부대가 펼쳐진다. 동남아에서나 볼 법한 야자수들이 늘어서 있다. 마치 1980년대 개발도상국을 연상시키는 풍경에서 오키나와는 태평양 전쟁의 아픔을 간직한 낙후된 도시라는 편견을 갖기 쉬운 첫인상이다. 하지만 그건 오키나와를 모르고 하는 말이다. 공항을 조금만 벗어나면 끝없는 에메랄드 비치와 신성한 고래상어가 유영하고, 무엇보다 오키나와 사람들의 따뜻한 인간미가 존재하고, 곳곳의 신성한 기운들이 가득 차 있는 매력이 넘치는 곳이다. 오키나와의 숨은 매력에 눈뜨게 된다면 그곳에 가득 차 있는 사랑과 빛의 에너지를 보게 될 것이다. 순수한 어린이의 마음으로 어디를 가든 있는 그대로의 아름다움을 느끼고 감탄할 줄 아는 사람이라면 어디에 여행 가든지 행복을 느낄 수 있으리라.

오키나와는 신성한 고래상어가 유영하는 곳이다. 고래상어는 '지구별의 수호자'라고 불린다. 서양에서는 고래를 바다의 신으로 생각한다. 더불어 행운과 번영을 상징한다. 앞서 이야기한 정국의 〈Dreamers〉의 뮤직비디오 첫 장면에 고래상어가 등장하는 이유다.

쿠로시오 난류와 오키나와 난류가 교차하는 지점인 오키나와는 고래상어가 유영하는 곳이다. 거대한 몸집을 자랑하며 우아하게 헤엄치는 모습은 마치 거대한 신이 움직이는 듯하다. 고래상어의 좌우로 물고기들이 떼를 지어 호위하듯 헤엄치는 모습은 장엄하기 그지없다. 오키나와는 신성한 고래상어의 보호를 받는 곳이다. 그래서 오키나와를 여행한다면 신성한 고래상어와 조우할 수도 있다. 당신이 고래상어를 떠올린 그 순간, 오키나와 여행은 시작됐다.

츄라우미,
아름다운 에메랄드 바다

"아유, 보는 내내 눈물이 나서 혼났어…", "마음 아파서 혼났지 뭐야" 눈물을 훔치며 돌고래쇼를 감상하고 온 손님이 말했다. 츄라우미 수족관의 돌고래쇼는 '솥뚜껑 섬'으로 불리는 이에지마(伊江島)를 배경으로 남중국해를 바라보며 펼쳐지는데, 수족관 오른쪽으로 투명하고 영롱한 빛깔의 에메랄드 비치가 펼쳐진다. 15분 정도 펼쳐지는 돌고래쇼는 경쾌하고 신나기 이를 데 없는데 손님은 왜 그런 말을 했을까?

츄라우미(美ら海)의 '츄라(美ら)'라는 말은 '아름답다', '예쁘다'는 뜻의 오키나와 방언인데 '예쁜이'라고 귀엽고 사랑스럽게 부르는 말이라서 오키나와 여성들이 가장 좋아하는 말이기도 하다. 만약 호텔 프런트의 여직원에게 "츄라상"이라고 불러준다면 가장 경치 좋은 방을 얻을 수 있을지 모른다.

국제공항이 있는 나하(那覇) 시에서 58번 국도를 타고 아름다운 해변을 바라보며 2시간 정도 올라가면 츄라우미 해양박람공원을 만나게 된다. 오키나와는 제2차 세계대전 이후 미군이 주둔하게 되었고, 1972년에 일본으로 반환되었다. 오키나와는 반환 기념으로 1975년에 오키나와 최초의 해양박람회를 개최했다. 박람회는 성공적으로 끝났고, 이후에 그곳을 공원과 수족관, 돌고래쇼장으로 이용하게 되었다. 지금은 오키나와를 방문한다며 누구라도 반드시 찾는 오키나와를 상징하는 장소가 되었다.

수족관의 이름을 지을 때 일본 전국에 이름 공모전을 열었는데 2만 개 정도의 후보 중에서 선정된 이름이 바로 '츄라우미'다. '아름답다'라는 뜻의 오키나와 방언 '츄라'와 '바다'를 뜻하는 일본어를 합쳐 '아름다운 바다'라는 뜻이다. 그래서인지 오키나와에 가면 가장 많이 볼 수 있는 상호 중 하나가 '츄라우미'다.

'후지'는 돌고래 중의 돌고래였다. 조련사의 말과 의도를 기막히게 파악했고, 헤엄과 높게 점프하는 능력까지 츄라우미 수족관 돌고래쇼의 최고 인기 스타였다. 그런데 그 후지가 원인을 알 수 없는 병에 걸렸다. 서서히 지느러미가 썩어가는 것이었다. 사람으로 치면 팔과 다리가 썩어가는 것이었다. 헤엄을 칠 수 없는 돌고래는 죽을 수밖에 없다. 후지의 안타까운 소식을 접한 사람들은 후지를 살리기 위해 모든 수단을 모색코자 했다. 일본 전국의 모든 수의사들이 머리를 맞대었지만, 뾰족한 방안을 찾을 수 없었다. 후지의 지느러미는 70% 이상 썩어가고 있었다.

일본의 '브리지스톤'이라는 타이어 회사가 있다. 후지의 소식을 들은 브리지스톤에서는 후지의 인공 지느러미 개발 프로젝트를 진행하게 된다. '후지'가 원인을 알 수 없는 염증으로 75% 이상의 꼬리 지느러미를 잘라내야만 한다는 소식에 브리지스톤사는 총 32개의 인공 지느러미를 개발한다. 실리콘으로 만들어진 지느러미를 연구한 끝에, 마침내 후지에게 딱 맞는 인공 지느러미 개발에 성공한다. 후지는 기적처럼 그 지느러미로 다시 헤엄치고 점프할 수 있었다.

많은 사람들의 응원과 사랑에 힘입어 후지는 부활했지만, 결국 급성 간염으로 더 이상 쇼를 할 수 없었다. 후지의 많은 팬들이 그의 죽음을 슬퍼했다. 후지는 새끼 셋을 남겼다. 츄라우미 수족관 측은 후지의 새끼들의 성별은 공개하지 않았지만, 만약 츄라우미 수족관에 여행 가서 돌고래 쇼를 관람한다면 후지가 남긴 세 새끼들이 활약하는 모습을 직접 볼 수 있을 것이다. 엄마랑 닮아 멋지게 점프하는 모습을 보며 많은 이들이 후지를 떠올린다. 그러면서 남몰래 눈물을 훔칠 수도 있다.

오키나와는 제2차 세계대전이 끝난 후 한참을 미군의 점령하에 지내야 했다. 전쟁이 지나간 아픔 속에서 고통의 시간을 견뎌내고 일본으로 복귀한 그 자부심이 바로 츄라우미 해양박람회다. 그래서 오키나와는 세상에 알리고 싶었다. 오키나와의 아름다움과 건재함을 세상에 소리치고 싶었다. 그 상징성을 가득 담고 있는 곳이 바로 츄라우미 수족관이다.

폭 22.5미터 높이 8.2미터의 세계 최대 규모의 수족관은 기둥 없이 통으로 된 접착형 아크릴판넬이다. 유리보다 강도가 10배 정도는 세고,

7,500톤의 수압을 견딜 수 있는 기네스에 오를 만한 멋진 수족관의 탄생이었다. 8미터가 넘는 고래상어는 원래 두 마리가 살고 있었는데, 코로나가 전 세계를 강타할 즈음 한 마리가 턱관절 이상으로 씹지 못했다. 먹이를 먹을 수 없는 고래상어는 생존할 수 없었다. 그래서 지금은 한 마리의 고래상어 '진배'만이 유유히 거닐고 있다.

위대하고 거대한 존재들은 고독이 숙명인가? 만타로 가오리를 비롯한 수만 마리의 물고기들이 '진배'를 호위하며 헤엄치는 모습은 신비하고 장엄한 생태계의 질서를 보는 듯하다. 고래상어가 입만 벌려도 수많은 작은 물고기는 고래상어의 입으로 휩쓸려 들어가기 쉽다. 그럼에도 불구하고 그들은 서로 잡아먹지 않고 평화롭게 거닐고 있다. 수족관 측에서도 생물들이 배가 고프지 않도록 끊임없이 먹이를 주고 보호하고 있다고 한다. 그 덕분에 우리는 수만 마리의 물고기가 거니는 심해의 바다를 마치 영화를 보듯이 자리를 잡고 앉아서 관람하고 그 광경에 감동하는 것이다.

일본 가가와(香川縣) 현에 위치한 중소기업 '닛푸라'는 전 세계 수족관의 아크릴판넬 생산의 70% 이상을 점유하고 있다. 이 닛푸라에서 츄라우미 수족관을 만들었는데, 무엇보다 아크릴과 아크릴을 접착하는 게 가장 어려운 숙제였다고 한다. '닛푸라'의 사장은 어느 날 사누키 우동을 먹다가 카펫에 면을 떨어뜨렸는데 면에 함유된 녹말가루가 카펫에서 잘 떨어지지 않는 것을 발견하고 아크릴판넬도 우동 면처럼 접착시킬 수 있다면 어떨까 생각했다고 한다.

실제로 녹말가루를 발라보기도 했다고 하는데, 실험에 실험을 거듭한 끝에 특수 접착제인 '실리콘 튜브'를 개발하게 된다. 아크릴판넬 한 장이 두께 60센티미터에 20톤의 무게를 가지고 있는데 무려 7장으로 나누어 붙여야 하는 어려운 작업이었다. 판넬과 판넬을 붙이는 작업만 무려 1년이라는 시간이 걸렸다.

특수 접착제인 실리콘 튜브는 7,500톤의 수압을 견뎌낸다. 이 거대 프로젝트를 직원 수가 100명도 되지 않는 중소기업 '닛푸라'에서 해낸 것이다. 그 기적의 이야기가 지금의 츄라우미 해양 공원의 명성을 드높이고 있다.

수족관을 빠져나오면 오키나와의 바다에 인접한 곳에 츄라우미 공원의 인기 스타인 '큐짱'이 있다. 큐짱은 거대한 몸집의 바다소의 일종인 매너티다. 오키나와의 코우리지마 대교를 지날 때 간혹 "인어공주를 봤다"라고 환호하는 손님들이 있는데, 헤엄치는 모습이 마치 인어공주와 닮아 있는 '듀공'을 본 것이다. '매너티'와 '듀공'은 언뜻 구분하기가 어려운데 '매너티'는 지느러미가 둥글고 손톱이 없다. 반면에 '듀공'은 지느러미가 삼각형 모양인 것이 특징이다. 오키나와를 여행한다면 사람처럼 우아하게 헤엄치는 매너티인 '큐짱'을 꼭 보고 오자.

수족관의 가장 아래쪽 바다에 접해 있는 곳에 바다거북이 거닐고 있다. 바다거북은 산란하는 모래 온도에 따라서 암컷과 수컷으로 구분된다. 모래 온도가 27도 이상일 경우 수컷이 되고 27도 이하일 경우 암컷이 된다고 한다. 지구온난화로 모래 온도가 올라가다 보니 안타깝게도 암컷과 수컷의 성비 균형이 무너지고 있다고 한다. 배추 이파리 같은 먹이를 주면 느릿하게 오물오물 씹어 먹는 모습이 참 귀엽다.

오키나와는 다양한 생물들이 공존하는 아름다운 에메랄드 바다를 가지고 있다. 말 그대로 '츄라우미'다. 오키나와는 섬 전체가 하나의 아름다운 산호섬이라고도 말할 수 있다. 산호는 원래 동물이다. 헤엄도 치고 산란도 한다. 가장 귀한 산호는 심해에 사는 분홍색 산호다. 산호는 털로 움직이고, 죽으면 흰색으로 변한다. 그 산호들이 퇴적되고, 퇴적되었다가 마침내 다시 융기된 섬이 오키나와다. 그래서 산호에 비추어진 바다 색깔이 그렇게 투명한 에메랄드 빛깔로 아름답게 투영되는 것이리라. 그 안에서 '후지'도 살다 갔고, '진배'도 살고 있다. 생명 하나하나에 각자의 이야기가 있고, 각자의 영역에서 존재하고 있다. 오키나와에 가면 신비한 바다 세계와 만날 수 있다. 생명력 넘치는 오키나와의 바다는 지금도 살아 숨 쉬며 우리에게 행복감을 느끼게 한다.

끝없이 펼쳐지는
에메랄드 비치

　LG그룹의 구본무 전 회장은 오키나와의 전통술인 아와모리를 무척 좋아했다. 2023년 LG트윈스가 무려 29년 만에 드디어 한국시리즈 우승을 하자 구광모 회장은 MVP인 오지환 선수에게 선대 회장인 구본무 회장이 준비해둔 롤렉스 시계와 애지중지 아껴두었던 술을 꺼내어 선물했다. 그때 선물한 술이 바로 오키나와의 전통술인 아와모리다. 몇 병은 너무 오래되어서 마실 수 없었다고 한다. 아와모리는 40도가 넘는 오키나와의 전통술인데, 불을 붙이면 불이 붙을 정도의 독한 술이다. 이 술을 오키나와 사람들은 커피우유에 타서 마시기도 한다. 만약 오키나와 사람들에게 우리가 마시는 한국 소주를 선물한다면 "이 음료수는 뭔가요?"라며 되물을지도 모른다. 오키나와에서는 독한 술을 즐겨 마신다.

오키나와는 사시사철 따뜻한 편이다. 아무리 추운 겨울에도 기온은 10도 이하로 떨어지지 않는다. 그래서 만약 겨울에 오키나와 여행을 한다면 전지훈련을 와 있는 한국 야구선수단을 만날 수 있을지도 모른다. 따뜻한 기후와 좋은 에너지가 가득한 오키나와에서 충전된 그들을 만난다는 건 아주 매력적인 일이다. 활력 넘치는 선수들은 멋있게 보인다. 나는 손님들을 모시고 이토만(糸満)에 위치한 사잔 비치 호텔을 자주 이용했다. 한때 프로야구 한화 선수단을 종종 볼 수 있어서 손님들은 여행의 즐거움에 더해 종종 그들을 직접 볼 수 있는 기쁨도 누렸다. 카리유시 근처의 카리유시 리조트에서는 기아 선수단을 종종 마주치곤 하는데 구릿빛으로 그을린 다부진 몸의 야구 선수들을 마주치는 것은 또 다른 행운이었다.

겨울의 오키나와는 무거운 외투를 벗고, 반팔티 차림에 가벼운 기분으로 걸으며, 울려퍼지는 캐롤송을 들을 수 있다는 장점이 있다. 한국의 매서운 한파에 지쳐 있던 여행자가 부드러운 바람을 맞으며 산책할 수있다는 것만으로 이미 천국에 와 있는 기분이다. 거기에 온화한 날씨를 만끽하며, 가까운 주점에 들러 오키나와 맥주인 오리온 맥주를 마셔도 좋다. 이것 하나만으로도 오키나와의 겨울 여행은 충분히 행복할 수 있다. 어디선가 들려오는 오키나와의 섬노래인 '시마우타'를 들으며, 전통 악기인 '샤미센'의 악기 소리에 맞춰 추임새를 넣는 노래소리에 흥이 나고, 그 온화함과 평화로움이 주는 분위기에 빠져든다.

오키나와 본섬 자체의 크기는 제주도 크기의 3분의 2정도라고 할 수 있다. 그런데 오키나와는 특이하게 높은 산이 없다. 가장 높은 산이 526미터다. 그래서 예로부터 오키나와는 물이 부족했다. 오키나와는 예전 한 개의 섬이 위에서부터 북산, 중산, 남산으로 나뉘어 서로 싸웠는데 중산이 위치한 지역이 오키나와를 통일할 수 있었다. 그 이유는 바로 중산 지역이 물을 보유해서 유리한 지형적인 장점을 가지고 있기 때문이었다.

오키나와는 지금도 집집마다 물탱크를 가지고 있다. 류큐 석회암의 단점은 물을 고이게 하지 못하고 다 통과시킨다는 것인데, 다행히 그 밑에 진흙층을 많이 가지고 있었던 중산 지역이 지금의 나하다. 진흙층은 석회암을 통과한 물을 고이게 하는 장점이 있었고, 여과작용을 거쳐 물을 확보할 수 있었던 것이다. 진흙이 풍부했던 나하 지역에서는 진흙으로 지붕을 바르기도 했다.

그 귀한 물로 류큐 왕국의 중산왕은 술을 만들었다. 물이 귀한 중산에서는 일부 허가받은 특별한 사람들만이 술을 마실 수 있었다. 그 술이 바로 아와모리 술이다. 그래서 귀한 술을 훔치려는 술 도둑이 득실대게 된다. 중산왕은 오키나와를 통일하면서 무기를 다 없애고 평화롭게 살기를 원했다. 그래서 무기 없이 적을 제압하는 '가라데'가 등장한다. 가라데는 무기 없이 빈손으로 싸운다고 해서 '공수도(空手道)'라고 쓴다. '가라데'는 술을 지키기 위한 보디가드들의 전용 호신술이었던 것이다. 우리나라에 태권도가 있다면 일본에는 가라데가 있다. 가라데의 원조가 바로 오키나와다.

오키나와 본섬은 동서 300킬로미터, 남북 400킬로미터다. 섬의 끝에서 끝까지 3시간 정도면 도달할 수 있는 작은 섬이다. 북쪽 지역으로 갈수록 밀림이 우거지고, 바다 색은 코발트에 가까운 진하고 아름다운 사파이어 블루빛을 띤다. 예전에 한 손님이 "오키나와 땅값은 어때요? 어디 싸고 좋은 땅 없어요?"라고 물어보셨다. 나는 이렇게 대답했다.

"음, 있습니다. 제가 지금 모시고 가려고 개척 중인데, 오키나와 북쪽이고요, 해변이 기가 막히게 아름다운 곳입니다. 다만 밀림이 우거지고 독사가 많아요. 목숨을 걸어야 합니다."

우리는 한참을 웃었다. 오키나와 북쪽 지대는 사람이 많이 살지 않는 강한 아열대 기후의 특징을 가지고 있으며 밀림 지역과 맹독을 가진 독사가 많다. 예로부터 오키나와 사람들은 아파서 죽기보다 독사에 물려 많이 죽었다고 한다. 그래서일까? 오키나와 사람들이 입는 옷은 꽃무늬와 뱀 무늬가 유독 많다.

오키나와는 유인도와 무인도까지 합치면 160개의 섬이 있다. 별 모래가 아름다운 이에지마, 눈꽃 소금으로 유명한 미야코지마(宮古島) 등 아름다운 섬들이 많다. 국내선을 타고 별도로 다른 섬을 가지 않더라도 본섬 어디를 가도 크고 작은 아름다운 해변이 연결되어 있다. 해변은 언제나 연인들로 북적인다. 그래서일까? 오키나와 사람들은 결혼을 일찍 하는 편이다. 아이도 3명 정도는 낳아야 한다. 아이가 한둘 정도면 "그 집 부인은 어디 몸이 안 좋나?"라며 주변에서 걱정할 정도다.

오키나와 사람들은 결혼도 빨리 하지만 이혼률도 높은 편이다. 스무 살 정도에 결혼하고 마흔 살 정도에 이혼하는 것이다. 섬 자체가 워낙 작고 숨을 때가 없다 보니 바람이 나면 소문도 빨리 퍼진다고 한다. 어디든 아름다운 해변과 낭만과 음악이 있으니 다들 쉽게 사랑에 빠지고 또 쉽게 헤어지나 보다.

우리나라는 봄, 여름, 가을, 겨울이 뚜렷한데, 유독 겨울이 혹독하게 추운 나라다. 매서운 겨울의 한파에 지칠 때쯤 오키나와로 여행을 떠난다면 부드러운 바람에 따뜻한 오키나와 사람들의 인정, 평화로운 오키나와의 분위기에 흠뻑 빠져들게 될 것이다. 오키나와에서는 한국 드라마에 종종 등장하는 겨울 바다의 해안가에 부서지는 하얀 파도를 바라보며 눈물 흘리는 쓸쓸하고 애처롭기까지한 여주인공의 장면은 상상할 수도 없다. 해안가를 여행할 때는 어깨가 드러나는 원피스, 챙이 넓은 모자, 선글라스, 자외선 차단제가 필수다. 주의할 것은 원피스는 반드시 알록달록하며 약간은 촌스러운 듯한 큰 꽃무늬 원피스를 준비해야 한다는 것이다. 그것이 오키나와 비치룩이기 때문이다.

오키나와는 태풍의 근원지기도 하다. 그래서 오키나와의 해변에 살고 있던 주민들은 강한 바람과 파도에 대비하기 위해 '후쿠기'라는 나무를 해변가 중심에 빽빽하게 심었다. 츄라우미 수족관 옆 에메랄드 비치 옆으로 펼쳐진 '후쿠기 가로수길'은 '비세 마을'이라는 이름으로 알려져 있는데, 수령 300년은 족히 넘는 후쿠기로 가득하다. 줄기는 콘크리트처럼 딱딱하고 잎은 수분감이 충만한 녹색 잎인데 우리가 좋아하는 돈나무를 닮았다. 방풍림의 역할과 화재 방지의 역할까지 했으리라. '후쿠'라는 말은 일본어로 '쌍잎' 또는 '복'이라는 말과 같은 발음이기에 오키나와 사람들은 '후쿠키' 잎 두 장을 선물로 주고받기도 한다. 오키나와의 에메랄드 해변과 방풍림인 후쿠키는 환상의 짝꿍이다.

나는 오키나와 바다를 세상 제일 예쁜 바다라고 장담한다. 태풍의 근원지라서 산소가 바다 깊은 곳까지 유입되며 모든 생명체에게 영양을 공급한다. 미세먼지 한 톨도 허락하지 않는 강한 바람은 묵은 정체된 에너지를 정화시켜주는 듯하다. 그래서 오키나와의 바람은 부드럽고 나뭇잎은 싱그럽다. 그런 환경에서 살아가는 사람들은 온화하다.

산호섬의 나지막한 해변 연안은 깊이에 따라 색깔을 달리한다. 유인도와 무인도가 별사탕처럼 흩뿌려져 있는 오키나와는 발길이 닿는 곳 어디든 해변으로 가득하다. 해변을 끼고 있는 리조트 호텔은 단체여행을 가든 개인여행을 가든 쉽게 묵을 수 있다. 아름다운 해변을 산책하고 해변을 조망하며 아침을 먹고 저녁에 석양이 지는 모습을 보며 아와모리 한 잔을 마실 수도 있다.

개인적으로는 이토만에 위치한 사잔 비치의 해변을 걷는 것을 나는 참 좋아한다. 맨발에 부드러운 모래 감촉을 느끼며, 밤 하늘의 쏟아질 듯한 별을 바라보면서 걷고 있노라면 평화로움과 고요함이 주는 아름다움에 황홀해진다. 부드러운 바람이 얼굴을 스치고 시원한 공기를 가득 마시며 파도가 철썩이는 소리를 듣고 있노라면 "아, 더 이상 바랄 게 없다!"라는 충만감이 몰려온다. 오키나와이기에 가능한 일이리라. 깨끗하고, 평화롭고, 온순한 성품의 오키나와 사람들이 살고 있는 아름다운 해변이기에 말이다. 그래서 나는 오키나와의 해변이 좋다.

오키나와가 아니면
알 수 없는 것들

여행은 공항에서 짐을 부치기 전까지가 가장 즐거운 법이다. 여행을 계획하고, 출발 날짜를 손꼽아 기다리고, 의상을 준비하고, 가서 무엇을 할지 정하는 등, 여행 전 이런저런 의견을 나누는 자체가 여행이 주는 가장 큰 즐거움이리라. 반복되는 일상을 벗어나서 낯선 세계로 향하는 즐거움은 모험과 도전을 즐기는 인간의 욕망을 가장 충족시키는 일일 것이다.

알고 있는가? 여행을 떠날 수 있다는 것만으로도 얼마나 행복한 사람인지 말이다. 돈이 아무리 많다고 한들 병원에 누워 있다면 여행은 꿈도 꿀 수 없을 것이다. 최소한 볼 수 있는 두 눈과 걸을 수 있는 두 다리와 여행 경비로 쓸 정도의 자금을 가졌고, 게다가 4일 정도의 시간을 확보할 수 있는 자유를 가졌다면 이미 지구상 80억 명 인구의 상위층이라고 자부해도 된다. 여행을 떠날 수 있는 것만으로도 당신은 이미 성공자인 것이다.

하지만 짐을 부치는 순간부터 예기치 않았던 난관에 봉착한다. 줄 서서 기다려야 하는 것은 물론, 낯설고 넓은 공항은 영어를 쓰는 사람들로 뒤덮여 있다. 정신을 차리고 빠릿빠릿하게 움직이지 않으면 비행기를 놓칠 수도 있다. 잠도 못 자고 비행기 시간에 맞춰서 온 여행객들 속에서 당신은 첫 해외여행일 수도 있다. 60년 평생, 70년 평생을 사는 동안 처음으로 자식들이 보내준 효도 여행이라면 더 당황할 수도 있겠다. 화장실에서 가방을 그대로 걸어놓은 채 나오거나, 면세점에서 계산을 하다가 여권을 분실하거나, 비행기를 타는 게이트를 잘못 알았을 수도 있다. 여권이 없다면 비행기를 못 타는 건 자명한 일이다. 비행기는 당신을 기다려주지 않는다. 첫 여행이 악몽으로 바뀌는 순간이다.

복잡한 수속을 거쳐 비행기에 자리 잡는 순간, 안도의 한숨을 내쉴 것이다. 드디어 지친 몸과 마음을 내려놓으면서 행복이 시작되리라고 믿는다. 이제 설렐 준비만 하면 된다고 만반의 태세를 갖추고서 말이다. 하지만 아직도 공부할 것들은 있다. 비행기가 비상 착륙 시 어떻게 탈출해야 하는지, 산소호흡기는 어떻게 써야 하는지 등등. 뿐만 아니라 스튜어디스들의 각종 지시와 조언도 새겨들어야 한다. 내게는 그런 상황이 닥치지 않기만을 기도하면서 말이다.

드디어 비행기가 이륙한다. 육상선수가 도움닫기를 하듯, 활주로를 미끄러지며 점점 속도를 내다 한순간에 공중으로 붕 떠오른다. 그 낯선 느낌은 설레기도 하지만 두렵기도 한다. 비행기는 공기의 저항을 뚫고 하늘 높이 날아오른다. 그때 우리는 그 압력과 저항감을 어떻게든 버텨내야 한다. 놀란 어린아이들은 울음을 터트리기도 할 것이다. 그러나 비행기가 상승 기류를 타는 순간 높은 기압에 의한 거센 기압 소리도 사라지고 저항감도 사라진다. 대신 언제 그랬냐는 듯 평온한 마음에는 안정감이 깃든다.

오키나와를 찾는 사람들은 일본의 한 지역에 여행 온 것으로 알지만, 오키나와는 일본이 아니다. 전혀 다른 문화를 가진 낯선 곳이다. 그래서 처음에 낯설고 어색하고 이상한 저항감에 두 번 다시 못 올 곳이라고 말하기도 하는 곳이다. 낯선 것을 각오하고 떠나면서도 우리에게는 이미 각자가 기대하는 여행이 따로 있다. 특히, 오키나와를 방문하는 여행객들 대부분은 일본의 전역을 다 다녀온 사람들이 많고, 그들은 또 다른 새로운 곳은 없을까 기대하며 여행에 나선 사람들이다. 그래서 자신이 좋아했던 일본의 모습을 찾지 못했을 때는 특히 실망하는 것이리라.

나 또한 마찬가지였다. 나에게도 오키나와는 낯선 곳이었다. 오키나와 자체가 사람들한테 알려진 것도 그리 오래되지 않았다. 김선아 배우가 출연한 드라마 〈여인의 향기〉 촬영지로 소개되면서 특히 인기몰이를 하게 되었다. 그녀가 스포츠카를 타고 코우리지마 대교를 지나면서 꿈을 회상하는 첫 장면의 에메랄드빛 바다와 하늘이 한순간에 시청자들의 마음을 사로잡았다. 한편, 공효진, 조인성 배우 주연의 드라마 〈괜찮아 사랑이야〉에서는 공효진의 방에 오키나와의 아름다운 절경 '만좌모(万座毛)'의 사진이 붙어 있는 장면이 클로즈업된다. 만좌모는 '만 명이 앉을 정도의 넓은 곳'인 평평한 언덕을 의미한다. 오키나와의 왕이 좋아했던 장소지만, 센 바람과 높은 파도에 의해 코끼리 코처럼 뚫려 있는 기암절벽의 모습을 신기해하며 여행객들이 사진을 찍는 포토존으로 더 유명하다.

    강한 바람과 절벽 밑으로 보이는, 맑다 못해 투명하기까지 한 바다는 잘 알려진 오키나와의 비경이다. 특히, 바다는 그 깊고 깊은 속살을 내보이며 산호까지 들여다보이는 청정함의 극치를 보여준다. 드라마 속에서 공효진과 조인성 배우는 사랑의 결실을 확인하면서 오키나와로 여행을 떠난다. 오키나와의 해변을 산책하는 아름다운 두 연인의 모습이 많은 이들에게 오키나와를 사랑과 낭만의 여행지로 만든 것 같다.

    나도 오키나와에 처음 왔을 때 할 말을 잃었었다. 그래봤자 일본 아니겠어 하며 나도 오키나와를 일본의 한 지역쯤으로 치부했었다. 오키나와에 도착할 즈음 비행기 안에서 작은 섬들이 흩어져 있는 산호섬 해변을 내려다보게 되었다. 야트막하면서도 초록도 아닌 연한 청록색도 아닌 오묘한 에메랄드 빛깔이 내 마음을 들뜨게 했다.

    그런데 이럴 수가! 비행기에서 내려 공항에 첫발을 딛는 순간, 뭔가 습하고 쾌쾌한 냄새가 나를 당황하게 했다. 손님들과 첫인사를 나누고 공항을 빠져나오면서 대로변의 야자수와 공항 옆 미군 부대를 보게 되었다. 순간, 도대체 여기는 어디고, 나는 무슨 말을 해야 하나, 머리가 멍해졌다. 손님들에게 일본 이야기를 하러 왔는데, 여기는 일본이 아니었기 때문이다.

오키나와의 첫 관광 장소로는 대부분 공항에서 한 시간가량 떨어져 있는 '오키나와 월드'라는 테마파크를 꼽는다. 오키나와의 전통가옥과 오키나와 특유의 산호석회암인 옥천동굴도 있어서 오키나와의 모든 것을 볼 수 있는 곳이다. 오키나와 월드로 향하는 도중에 마주했던 거리의 집들은 군데군데 페인트가 벗겨져 있는 콘크리트 양식에 지붕 위에는 물탱크가 얹혀 있는 모습이었다. 마치 1970년대 개발도상국의 집들처럼 보였다! 좁고 정비가 안 된 도로변을 타고 약간만 외곽 지역으로 나가자 사탕수수밭과 소철나무들을 볼 수 있었다.

오키나와 월드에 도착하면, 또 하나의 난관이 기다린다. 어디에선가 풍겨오는 똥 냄새다. 이 냄새의 정체는 도대체 무엇인가? 눈부신 해변과 낭만을 기대하며 오키나와에 도착하자마자 맡게 된 똥 냄새라니, 이게 웬 말인가!

오키나와 사람들의 주 음식 재료는 돼지고기다. 예전에는 화장실에서 돼지를 키웠다고 한다. 대신 오키나와 사람들은 굽는 방식이 아닌 찌는 방식으로 요리를 해 먹었다. 알고 보면 장수의 비결이기도 한 조리법이다. '돼지 목소리와 발톱 빼고는 다 먹는다'고 할 정도의 주된 식재료다. 그래서 손님들도 식당에 가면 당황한다. 일본 특유의 된장국과 낫또와 생선구이는 없고, 돼지 귀를 볶고 무친 음식이나 돼지족발을 찐 '데비치' 요리가 주를 이루기 때문이다. 나는 일본 특유의 생것, 날것을 간장에 찍어 먹거나, 품질 좋은 코시히카리 쌀밥 위에 간장소스에 졸인 연근, 당근 반찬을 얹어 먹는 것을 좋아한다. 그런 만큼 나도 "아, 좀 먹을 게 없네"

라는 말을 절로 내뱉고 말았다. 무엇을 맛있게 드세요라고 말해야 할지, 무엇을 일본 음식의 매력이라고 말해야 할지, 손님들에게 어필할 수 없어 나는 꿀 먹은 벙어리가 되어버렸다.

　초창기의 오키나와 여행은 상품 가격이 굉장히 비쌌다. 나는 2010년에 처음 오키나와에 왔었는데, 당시 아시아나항공만 취항했다. 그때는 오키나와 국제선 출국장이 국내선 옆에 아주 작은 컨테이너처럼 자리하고 있었다. 출국수속을 할 때는 미군들이 군복을 입고 앉아 있었다. 딱 2칸 규모의 그곳에서 출국수속을 하는데 속도도 느린 데다 미군들은 친절하지도 않았다. 여행을 온 우리들은 괜스레 위축되고 긴장한 상태에서 수속을 밟아야만 했다.
　지금은 그때가 상상도 안 될 정도로 공항의 규모가 커졌다. 오키나와의 위상과 인기를 반영하듯 말이다. 특히, 오키나와는 섬이 많은 곳이어서 국내선이 국제선보다 두 배의 규모다.
　처음에는 나도 오키나와의 매력을 알지 못했다. 공항에 처음 내렸을 때 꿉꿉하고 습하게 느껴졌던 공기는, 사시사철 따뜻한 곳으로만 알고 있던 오키나와를 낯설게 만들었다. 거리의 건물들은 페인트가 군데군데 벗겨져 있었는데 나중에 알았지만 이것은 오키나와 사람들의 게으름 때문이 아니라, 소금기를 머금은 파도가 부식시킨 탓이었다.
　사탕수수는 오키나와가 제2차 세계대전 때 유럽의 설탕 파동의 희생양이 되었던, 아픈 역사를 간직하고 있는 농작물이다. 소철나무는 어려웠던 시절, 소철에서 채취한 녹말가루를 먹으며 배고픔을 견뎌냈던 오키나와 사람들의 강인함을 보여준다. 오키나와는 오키나와만의 매력이 있다. 그 매력을 제대로 들여다보려 하지 않고, 처음의 나처럼 일본이라는 잣대에 비추어 오키나와를 바라봐서는 안 된다.

나 또한 처음에는 오키나와 해변을 달리는 차 안에서 일본의 사무라이 정신을 이야기하곤 했다. 물론 손님도 나도 오키나와가 재미있었을 리 없다. 오키나와에 있으면서도 일본의 온천과 본토의 음식을 그리워하기도 했다. 사람들은 은연중에 낯설고 새로운 것에 대한 저항감을 갖기 때문이다. 어느 나라든 어느 지역이든 고유의 문화와 음식과 정취를 간직하고 있다. 아는 만큼 보이고, 보이는 만큼 즐길 수 있는 것 아니겠는가. 오키나와를 자주 여행하면 할 수록 나는 오키나와가 너무나 좋아졌다. 오키나와 사람들의 역사와 아픔을 알고 이해하면서부터는 오키나와의 풍경이 달리 보이기도 했다. 태양열을 흠뻑 머금은 열대 과일들도 맛있었고, 암까지 치료한다는 청정 바닷속 해조류인 '우미부도', '모즈크' 같은 건강한 음식들도 좋아졌다.

새로운 것에 대한 편견과 비교를 내려놓아야 행복한 여행을 할 수 있다. 비행기가 이륙할 때면 저항감이 느껴지다가 기류를 타며 편안해지는 것처럼 말이다. 애정을 갖고 바라봐야 여행지의 멋과 아름다움을 놓치지 않을 수 있다. 오키나와에 직접 와봐야만 그 멋과 아름다움을 느끼고 발견할 수 있을 것이다. 그래야 낯섦이 설렘으로 바뀌는 마법 또한 맛볼 수 있을 것이다.

오키나와가 나에게
가르쳐준 것들

그날은 유난히도 날씨가 좋았다. 나는 손님들에게 '기적의 1마일'이라고 불리는 오키나와 국제거리를 돌아볼 자유시간을 넉넉히 드렸다. 국제거리는 오키나와가 미국의 폭격으로 완전히 잿더미가 된 후 처음으로 불을 밝혀 장사를 시작했던 곳이다. 그래서 오키나와 사람들에게 희망을 심어준 상징적인 곳이다. 오키나와를 방문하면 반드시 들려야 하는 필수 코스가 된 이유이기도 하다. 국제거리는 오키나와 현청과 오키나와의 유일한 백화점인 류보 백화점이 마주 보는 곳에서부터 시작된다.

나는 그날도 가장 좋아하는 검은색 반코트를 입고 있었다. 오키나와에 오기 얼마 전 구입한 파워워킹 기능성 슈즈도 신고 있었다. 나는 국제거리 입구에 있는 아이스크림 가게에서 미야코지마의 소금을 잔뜩 뿌린 아이스크림을 먹고, 오키나와에 방문한 사람들은 꼭 사 가는 베니이모 타르트(자색 고구마 타르트)를 시식했다. 그 옆에는 흑설탕으로 만든 바움쿠헨 가게도 있었는데, 오키나와의 이 흑설탕에는 비밀이 하나 있다. 바로 미네랄이 풍부해서 몸에 좋다는 것이다. 입이 즐거워진 나는 영롱한 광채를 내뿜는 유리제품 가게들을 둘러보았다. 이 유리제품들은 미군들이 마시고 버린 콜라 병을 녹여 구워낸다고 한다.

살랑거리는 바람을 맞으며 그냥 걷는 것만으로도 행복한 시간이었다. 한국의 4월은 아직 꽃샘추위가 제법 기승을 부리는 계절이지만 오키나와는 이미 24도의 초여름 날씨였다. 그럼에도 불구하고 바람이 습하기는커녕 상쾌했다. 변덕스러운 한국 날씨에 지쳐 있던 내 온몸의 세포가 온화하고도 부드러운 바람 기지개를 켜며 기쁨의 비명을 질러대고 있었다. 참 좋은 날이었다.

나는 그때 임신 3개월 차였다. 의사 선생님이 적당한 운동과 일을 해도 좋다고 말씀하신 터였다. 아이는 작게 낳아서 크게 키우는 것이라고 하셔서 나는 적당한 운동을 겸해 출장을 나왔던 것이다. 나름 몸에 좋은 걸 챙겨 먹으며 걸을 수 있는 코스는 마다하지 않고 걸었다. 그날 숙박은 비치 호텔에서 했다. 다음 날 아침 바다를 바라보며 조식을 먹을 생각에 혼자 흐뭇했다. 그런데 저녁 9시쯤 복통이 오기 시작했다. 뭔가 심상치 않았다. 배가 꼬이는 듯하더니 하혈을 시작했다. 침대 시트가 피로 물들어갔다. 나는 왈칵 겁이 났다. 난생처음 겪는 일이었다. 당황한 나는 호텔 프런트에 연락해 구급차를 불렀다. 하혈은 멈추지 않았다. 침대와 욕실은 피범벅이 되었다. 나는 오키나와 병원의 응급실에 이송되었다. 유산한 것이었다.

나는 오키나와 응급실의 침대에 혼자 누워 있었다. 그나마 여자 의사분이 걱정스러운 얼굴로 상태를 알려주는 게 다소 위안이 되었다. 피를 흘릴 때부터 이미 짐작하고 있었다. 당시에는 유산했다는 슬픔보다는 당장 내일 투어 스케줄을 어떻게 처리해야 할지가 더 걱정이었다.

급하게 현지 사무실 과장님에게 연락을 취했다. 오키나와 특성상 서로서로 수배를 도와줄 뿐더러 직원들도 가족 같은 분위기에 친근하다. 다행히 다음 날 투어는 과장님이 대신 진행해주시겠다고 했다. 아침에 퇴원 수속을 마치고 호텔에 돌아온 나는 온종일 먹지도 못하고 누워만 있었다. 누구의 보살핌도 받지 못한 쓸쓸한 시간이었다. 얼마간 쉬고 기력을 회복한 나는 본사에 연락을 취했다. 누구도 나를 비난하지 않았지만, 몹쓸 죄인이라도 된 기분이었다.

나는 프리랜서로 이 일을 했던 때가 있다. 조그만 여행사들은 대부분 가이드 배정이 급하게 필요할 때 외에는 초보 프리랜서 가이드를 찾지 않는다. 나는 첫 가이드 데뷔 때 대규모 수학여행 단체행사에 12호 차의 가이드로 배정받았다. 대형 여행사 전속에 안정적으로 출장 배정을 받는 가이드는 이 업계에서는 선택받은 사람이라고 할 수 있다.

나는 프리랜서 가이드의 서러움을 누구보다 잘 안다. 출장을 마치고 집으로 돌아오는데 다음 출장 계획이 잡혀 있지 않으면 얼마나 불안한지 말이다. 다음 출장 배정이 들어오길 기다리며 하염없이 전화를 기다리는 게 얼마나 고통스러운지도 말이다. 그래서 나는 병원에서 돌아와 호텔에서 홀로 몸을 추스르면서도 내 아픔이나 상처를 돌보지 못했다. 어렵게 들어온 회사에서 행여 이 일로 잘리면 어쩌나, 걱정이 앞서서였다. 나는 그때 뼈저리게 깨달았다. 내가 나를 얼마나 사랑하지 않는지를 말이다. 스스로에게 얼마나 가혹한지도 말이다. 나는 왜 이리 생존에 집착하게 되었을까?

서른세 살의 나를 기억한다. 내 인생에서 가장 두렵고 암울했던 시기다. 호기롭게 서울로 갔지만, 이도저도 제대로 해내지 못한 채, 낙향해 엄마 집에 얹혀살고 있던 때였다. 일삼아 도서관에 다니고는 있었지만 돈도 없고, 나이는 들었고, 친구도 없이 보내는 하루하루가 끔찍하게 불안하고 두려웠다.

오키나와의 젊은이들도 수도인 도쿄로 일자리를 찾아 떠나곤 한다. 오키나와는 일본 내에서 시급이 가장 저렴할 뿐더러 일할 곳도 많지 않다. 젊은이들 대부분이 관광 계통에 종사하거나, 미군들을 상대로 업을 택할 수밖에 없는 상황이다. 오키나와의 젊은이들이 꿈과 희망을 찾아서 본토로 향하는 이유다. 하지만 대부분은 일본의 매뉴얼화된 도쿄의 직장 시스템에 잘 적응을 하지 못한다. 게다가 막상 본토에 가면 외모도 구별되는 데다 오키나와 출신이라는 딱지까지 따라붙는다. 무시당하고 차별받기 십상이다. 무엇보다 일본 본토의 회사들은 엄격하고 까다롭기 그지없다. 평화롭고, 태평스럽게만 살아온 유순한 오키나와 사람들이 버텨낸다는 건 결단코 쉽지 않은 일이다. 그래서 그들은 다시 오키나와로 돌아오고 만다.

오키나와 사람들은 어떻게 그 많은 시련 속에서도 여전히 온화하고 따뜻한 품성을 유지하고 있을까? 태평양전쟁 때 일본인들은 오키나와 사람들이 미군에게 항복할까 봐, 거짓 소문을 퍼트렸다. 겁에 질린 오키나와 사람들은 서로를 죽이며 자결하고 절벽에서 뛰어내렸다. 오키나와 섬 인구의 10분의 1이 죽었다. 오키나와는 전 세계의 수많은 젊은이가 묻혀 있는 거대한 무덤 터다. 지금도 한 명 한 명의 유해를 발굴해 이름을 새겨 넣어주고 있는 평화 공원이 있다. 예전에는 오키나와 방문객들이 으레 찾아 묵념하며 의례를 갖춘 곳이기도 하다.

유산 당시 나는 온종일 홀로 호텔 방에 있으면서 왜 지금 하필 이런 상황에서 혼자일 수밖에 없는지 곰곰이 생각해봤다. 위로가 필요한 순간에 왜 나는 혼자인가? 그러고 보면 축하를 받아야 하는 순간에도 혼자인 경우가 많았다. 나는 내가 미운 오리새끼 같다고 생각했다. 얼굴에 주근깨도 많고, 머리카락은 옥수수처럼 힘이 없는 데다 가늘었다. 납작한 뒤통수도 콤플렉스였다. 어느 순간부터 나를 사랑받을 자격이 없는 추하고 부족한 사람이라고 스스로 낙인찍어버렸다.

오키나와 사람들도 자신들을 못나고 부족하다고 생각했을까? 무기를 지니는 대신 가라데를 호신용으로 익혔던 오키나와 사람들, 그들은 결국 일본에 나라를 빼앗기고, 그것도 모자라 아름다운 산호섬이 피로 물드는 걸 지켜봐야 했다. 그들은 아직도 그런 과거의 아픔에 사로잡혀 있을까? 자신들을 책망하며 힘들어하고 있을까? 못나고 부족하니 스스로가 행복해지는 건 말도 안된다고 생각하면서 말이다.

오키나와의 차량 기사님은 나의 이야기를 듣고 난 후 "허 상, 난쿠루 나이사, 난쿠루 나이사"라고 따뜻한 어조로 말씀하셨다. 무슨 말인지 모르지만 마음이 편안했다. '난쿠르 나이사'는 무슨 뜻일까? 이 말은 오키나와 사람들이 힘들 때 가장 많이 쓰는 위로의 말이다. "잘될 거야", "어떻게든 될 테니 걱정 마"라는 오키나와 사람들이 자신 안의 신성을 깨우는 주문 같은 말이라는 것을 나중에 알았다.

어떤 일이 있어도 '난쿠르 나이사'면 다 해결된다. 과거에 사로잡히지 않고 현재를 충실하게 살아가는 오키나와 사람들의 지혜가 담긴 말이다. 지금 내가 여기 살아 있다는 건 이미 충분히 신의 사랑을 받아왔다는 증거다. 인간적인 사랑은 조금 부족하다고 느꼈을 수도 있지만 편재하는 신의 사랑을 충분히 받아왔으니 됐다는 것이다. 공기, 태양, 물 등은 아무리 마시고 쓴다 해도 신은 그 값을 청구하지 않는다. 이 얼마나 무한하고 무조건적인 신의 사랑인가.

어떻게든 잘될 거라고 믿자. 이제 더는 과거에 사로잡히지 않겠다. 과거의 상처에 연연하며 살아가지 않겠다. 미래를 바라보고 살아가겠다. 난쿠르 나이사다! 어떻게든 잘될 거니까, 오늘보다 내일은 반드시 더 빛나는 법이니까. 나는 그런 마음가짐으로 살아가는 오키나와 사람들이 너무나 좋다. 과거의 상처를 보듬고 품어서 남을 이해하고 위로하는 불쏘시개로 삼는, 온화하고 상냥한, 가슴에 새기고 싶은 오키나와의 말이다.

영혼이 고갈되었을 때 떠나는 오키나와

여행은 돌아갈 곳이 있기에 즐거운 법이다. 돌아갈 곳 없이 떠돌고 있는 난민들이 지금도 수없이 많다. 돌아갈 조국이 있고, 소중한 일상이 있고, 집이 있고, 직장이 있는 우리는 행복한 여행자다. 〈나다 소소(涙そうそう)〉라는 오키나와 노래가 있다. 내가 정말 좋아하는 노래다. 오키나와가 그리울 때 이 노래를 듣는다. 일본 드라마 〈1리터의 눈물〉의 주제곡으로 유명하기도 하다. 4일의 관광 일정을 마치고 공항으로 향하는 길에 나는 마지막 인사를 드릴 겸 손님들께 이 노래를 틀어드리곤 한다. 아름다운 선율과 함께 구성지게 울려 퍼지는 오키나와 특유의 정서를 담은 노래를 들으며 4일간 동고동락하며 쌓은 추억을 떠올린다. 정들만 하니 떠난다며 다들 아쉬워한다. 처음 만났을 때의 서먹서먹함은 어느덧 사라지고, 함께 여행하는 4일간 전우애 비슷한 동지애가 생기는 것이다. 서로 기다

리고 챙겨주며 우리는 하나가 되었다.

석가모니는 "인생의 가장 큰 고통은 좋아하는 사람을 만나지 못하는 고통, 미운 사람을 계속 만나야 하는 고통"이라고 했다.

예전에는 4일 동안의 일본 출장이 끝나고 나면 며칠간 끙끙 앓고는 했다. 손님이 행복해 하는 얼굴을 떠올리며 보람을 느끼고 안심하는 한편, 손님의 불편한 얼굴을 떠올리며 무엇이 문제인지 걱정했다. 그리고 혹시 나한테 문제는 없었는지 자책하고는 했다. 그 좋으면서도 힘든 기억이 잔상으로 떠올라 출장을 다녀오고 나면 탈진이 되고는 했다. 하지만 이 노래를 들으면 그 모든 것들이 아름답게만 느껴지고 편안한 기분이 되곤 했다. 이 세상에 모든 손님을 만족시키는 여행은 없다고 나 자신을 위로하면서 말이다.

오키나와는 예전에는 이별과 기다림의 섬이었다. 미군들은 오키나와의 마을 전체와 초등학교를 다 밀어버리고 거기에 미군 기지를 세웠다. 오키나와에 처음 도착한 미군들은 충격에 휩싸였다. 자신들이 좋아하는 콜라는 물론이고 스테이크조차도 먹을 수 없었다. 그래서 미군들은 처음에 스테이크를 미국에서 공수받아 먹어야 했다. 미군은 오키나와에 스테이크 레스토랑, 정크푸드 문화를 점차적으로 들여왔다. 미군의 점령 지역이 늘어난 만큼 힘없이 내몰린 오키나와 사람들은 어쩔 수 없이 자신의 고향을 떠나야 하기도 했다.

하지만 오키나와는 이제는 사람들이 버리고 떠나는 곳이 아니다. 오히려 많은 이들을 자석처럼 끌어당기는 곳이다. 결혼을 앞둔 일본의 미혼 여성들은 뷰가 아름다운 오키나와 비치 호텔에서 작은 결혼식을 올리는 것을 꿈꾸기도 한다. 일본 본토의 삼나무 꽃가루 알러지로 인해 고통을 호소하는 사람들은 청정한 오키나와로 거주지를 옮기기도 한다. 많은 예술가, 작가들이 영감을 얻고자 오키나와에서 장기간 머물고 가기도 한다. 그들은 알고 있기 때문이다. 오키나와가 얼마나 신성한 에너지로 가득 차 있는 곳인지를 말이다.

나의 버킷리스트에는 '혼자 오키나와를 일주일 동안 여행하기'가 들어 있다. 나는 오키나와 해변의 멋진 카페를 돌아다니며 멍 때리기 여행을 할 것이다. 알록달록 화려한 꽃무늬 원피스를 입고, 챙이 넓은 모자에 고급 선글라스를 쓰고, 마치 영화 속 주인공이 된 듯 여배우 놀이를 할 것이다. 초여름 날씨의 부드러운 밤바람을 맞으며, 풀벌레 소리를 들으며 해변을 산책할 것이다. 상쾌한 아침 바람을 맞으며 좋아하는 슈리성 근처의 돌담길도 걸을 것이다. '이시 다다미'라 불리는 옛 류큐 왕조의 지배층이었던 금성 씨 집성촌이 있는 돌담길은 우리나라 덕수궁 돌담길처럼 잘 알려진 곳이다. 나는 슈리성에서 류큐대학교로 향하는 큰 연못 옆의 돌길을 특히 좋아한다. 슈리성이 있는 지역은 오키나와의 가장 부촌이기도 하다. 유독 좁은 골목길이지만 올망졸망한 돌들을 쌓아 올려 아기자기한 정원을 만들어놓은 것이 특징이다. 보고만 있어도 동심을 자극하고, 길을 걸을 때는 마치 〈오즈의 마법사〉의 도로시라도 된 기분이다. 나는 오키나와의 그런 비현실적인 듯 그림 같고, 동화 같은 부분을 좋아한다. 마치 인간 세상을 떠나 신비의 세계에 와 있는 듯한 착각을 하게 만든다. '스콜'을 만났을 때처럼 말이다. 미친 듯이 비가 퍼붓다가 거짓말처럼 뚝 그친 후, 믿을 수 없을 정도로 깨끗한 공기와 청명한 하늘처럼 말이다. 천국이 있다면 이런 느낌일까 하는 생각이 들게 할 정도로 눈이 시린 파란 하늘 말이다. 그 청정하고 깨끗한 공기를 들이마시고 있노라면 내 몸에 허파와 폐가 어디에 있는지 실감할 수 있다.

오키나와는 일본에 합병되기 전 류큐 왕조라고 불렸던 독자적인 문화를 가지고 있었다. 우리나라 고려 말기에 삼별초가 제주도까지 밀려났다가 갑자기 사라졌는데, 류큐 왕조는 그 삼별초가 사라진 시기에 갑작스레 출연한다. 갑작스럽게 출연한 선진 기술과 문화는 류큐 왕조를 탄생하게 한 배경이기도 한데, 그 예로 슈리성 지붕의 기와장에 고려 장인의 기술력이 사용되었다는 증거가 나와 있다. 안타깝게도 슈리성은 제2차 세계대전 당시 미군의 전지 기지로 사용되며 폭격을 맞았다. 이후, 미국에서 일본으로 반환된 후 오키나와는 슈리성 복원 작업을 하는데, 류큐 왕이 업무를 봤던 정전을 우리나라 경복궁의 근정전을 모델로 삼아 복원했다. 그 이유는 폭격 맞은 슈리성의 잿더미 속에서 유일하게 발견된 것이 그 옛날 류큐 왕조 시대의 용의 머리 조각이기 때문이다. 용봉 문화와 용상은 우리 조선 시대의 천자(天子) 사상과 관련이 있기도 하다. 용의 머리 조각과 고려 장인의 기술로 만든 기와는 류큐 왕조의 기원이 한반도와 관련 있음을 보여주는 것이다.

류큐 왕조에는 여신(女神) 문화가 있었다. 하늘과 땅을 연결하는 무녀의 우두머리를 '히미코'라고 했다. 류큐의 국왕은 나라의 중요한 문제를 결정할 때 히미코에게 의견을 묻고는 했다. 지금도 슈리성 뒤쪽의 가장 은밀하고 성스러운 비밀의 공간에 남자는 들어갈 수 없는 여신들만이 거주하는 공간이 남아 있다. 슈리성의 정전에 들어가면 그 성스러운 공간을 바라보며 차를 마실 수도 있다.

슈리성은 몇 가지의 비밀을 가지고 있다. 그중에 가장 큰 비밀은, 정전이 비뚤어져 있다는 것이다. 정전 입장을 위해 입장권을 보여주고 들어가면 바로 정면으로 정전을 마주하는데, 사진을 찍으면 묘하게 비뚤어져 있다. 정전이 바라보는 곳은 들어가는 입구가 아니다. 정전 밖에 있는 '세이와노 우타키'라는 나무다. 일명 '우두머리 나무'라는 뜻인데, 우리나라 시골 마을 어귀의 당산나무라고 생각하면 좋을 듯하다. 류큐인들은 나무를 신성시했다. 그 나무에서 하늘의 강한 힘을 내려 받는다고 생각했던 류큐인들은 류큐 왕조를 지지하는 힘을 '우두머리 나무'에서 받고자 했을 것이다.

영화 〈반지의 제왕 2〉를 보면 마지막에 나무의 신들이 합세해서 악의 힘을 물리치는 모습을 볼 수 있다. 나무는 뿌리를 깊게 내리고 하늘에서 내려오는 모든 것을 자양분으로 있는 힘껏 자라난다. 생명력을 '중력을 거슬러 뚫고 올라가는 힘'이라고 정의할 때 나무는 바로 생명, 그 자체다. 넓은 잎은 그늘을 만들어주기도 하고 새들의 쉼터가 되어주기도 한다. 아무리 강한 바람이 불어와도 끄떡없이 항상 그 자리에 서 있다. 천년을 자란 나무는 천년을 지속하는 건물을 짓게 한다. 나무가 돌이나 바위보다 강할 수도 있는 것이다.

류큐인들에게는 '니라이 카나이'라는 신앙이 있었다. 저 바다 멀리 '모두가 바라는 이상향'이 있다는 것을 믿었는데, 지상 천국이 저 바다 건너편에 있다고 생각했다. 내면의 천국이 외면의 천국을 만드는 법이다. 그걸 알았던 지혜로운 류큐인들은, 평화롭게 자연과 더불어 긍정적으로 살기를 원했다. 백세를 누리며 건강하고 평화롭게 살았던 류큐인들이었다.

만약에 하는 일이 자꾸 꼬이는 듯하고, 내 마음과 영혼까지 탈탈 털린 듯 힘든 시기가 찾아온다면 나는 "오키나와로 떠나라"고 이야기한다. 오키나와는 섬 전체가 신성한 에너지로 가득 차 있는 곳이기 때문이다.

'세화 우타키', '니라이 카나이'와 같은 신앙의 성지, 곳곳에 있는 '파워 스폿'을 가서 걷거나 바라보기만이라도 하자. 비타민C가 가득한 히비스커스 차를 마시고, 자연의 에너지를 듬뿍 충전하자. 해변의 카페를 다니며 내면의 나와 마주하고 스스로와 대화를 나누어보자. 그동안 타인과 외부에 집착한 결과, 자신의 내면을 소홀히 하지는 않았는지 돌아보자. 스스로를 들여다보고 관심을 기울이면 내 안에서 조용한 목소리가 들려온다.

"괜찮아, 모든 게 잘되어 가고 있어. 제법 순조로워."

당신은 어느덧 다시 한 걸음 나아갈 용기와 기운을 얻을 것이다. 오키나와는 그런 곳이다. 영혼이 고갈되었을 때 일상에서 벗어나 떠나오는 곳, 마음껏 충전할 수 있는 빛나는 에너지가 가득한 곳이다.

오키나와로 떠나기 전에 알아야 할
7가지 행복의 기술

　드디어 오키나와로 여행을 떠나기로 마음을 먹었는가? '결단의 힘'에 대해 자기계발의 대가 밥 프록터(Bob Proctor)는 이렇게 말했다.

　"당신이 결단하는 순간 당신이 상상하는 미래는 이미 존재합니다."

　시간의 동시성에 대해서 들어본 적이 있을 것이다. 상상할 수 있다는 것은 이미 존재한다는 것이다. 당신이 이 책을 읽고 있다는 것은 당신이 오키나와에 가기를 원하고, 이미 그곳에 존재하는 미래가 이 책을 당신을 끌어당긴 것이다. 그래서 당신이 '오키나와 여행을 가고 싶다!'라는 느낌이 왔다면, 그곳을 향해 떠나기로 결심하면 된다. 자연스럽게 돈도 생길 것이다. 패키지 상품을 신청해도 되고, 자유여행을 계획해도 좋다. 모든 것은 마음먹기에 달려 있다. 우리는 모든 것이 자유로운 좋은 세상에 살고 있다. 여행 한 번 다녀왔다고 해서 당장 길거리에 나앉을 일은 결코 없을 테니 말이다.

"모든 불행은 당신이 당신의 방에 혼자 있지 못할 때 생긴다"라고 블레즈 파스칼(Blaise Pascal)은 말했다. 우선 혼자 잘 놀 줄 알아야 한다. 혼자 잘 놀지 못하는 사람이 여행을 떠난다고 해서 무조건 행복해질 거라고 생각한다면 그건 큰 오산이다. 결코 잘 놀 수 없다! 무작정 여행을 떠나면 그 나라의 맛있는 것을 먹고, 좋은 것을 보며, 즐겁고 행복해질 거라고 기대한다면 당신은 실패할 것이다. 정말 중요한 진실이 하나 있다. 그것은 '외부에서 주어진 행복은 언젠가는 모두 배신하게 되어 있다'라는 것이다.

여행지에서 큰 태풍을 만날 수도 있다. 교통사고가 나서 고속도로 통제로 인한 차량 정체로 하루 종일 버스만 타게 될 수도 있다. 갑자기 여행지에서 배탈이 날 수도 있다. 그랬을 때 '내가 어떻게 준비해서 온 여행인데, 하필 왜 나한테 이런 일이 생기는 거야?', '왜 나는 되는 일이 없는 거야?'라며 푸념만 하고 있을 것인가? 자고로 여행은 크고 작은 사건과 사고들이 따르는 법이다. 글도 다르고 말도 잘 통하지 않으며, 그 나라 고유의 문화도 다르다. 우리가 통제할 수 없는 자연환경과의 만남이기에, 결코 통제될 수도 없고 통제하려 해서도 안 된다.

많은 사람들이 내가 여행을 갈 때는 항상 날씨는 청명하고, 도로는 뻥뻥 뚫려 있고, 식당은 언제나 한산하고, 가장 경치 좋은 자리는 항상 내 차지라는 착각을 하고 있다. 만약 이런 생각을 하고 있다면 당장 꿈에서 깨야 한다. 여행에서 불변의 진리가 있는데 그것은 바로 무슨일이 생길지 아무도 모른다는 것이다.

여행을 떠나기로 마음먹었다면 우선 성경을 읽어보기를 권한다. 나는 종교인은 아니지만, 성경 1장 1절에 여행의 비밀이 들어 있다. "말씀이 있었으니…"라고 시작하던가? 대부분의 성공자들도 이야기한다. "이미 이룬 듯이 살아라", "끝에서 시작하라"라고 말이다. 여행도 마찬가지다. '행복해서 웃는 것이 아니라, 웃으면 행복이 온다'라는 말도 있다. 말이 먼저다. 일단 자신의 언어 습관을 정비해야 한다. 감동이 오기를 기다리지 말고 일단 감탄하라. "좋다", "참 좋다", "너무 좋다"라는 말을 내뱉음으로써 먼저 말로 명령을 내려야 한다.

중국집에 들어가서 주문을 한다고 생각해보자. "짜장면 주세요", "짬뽕 주세요"처럼 먼저 주문을 넣어야 원하는 음식이 나오지 않는가! 그렇기 때문에 우선 자신이 가장 자주 쓰는 말을 들여다보자. 가령 "오늘 날씨 너무 좋아!", "너무 맛있어", "여행 나오니 너무 좋다" 이렇게 말하는 나도 좋고, 듣는 상대방도 기분 좋을 수 있는 말을 많이 하고 쓴다면 더할 나위 없다.

말에는 파동이 있다. 파동은 동일한 파동을 끌어당겨 온다. 그렇기에 여행에서 어떤 사건을 만나든지 '이만하기를 다행이다', '괜찮아, 뭐 이 정도 가지고 그래' 하면서 스스로의 기분을 즐겁게 유지하고, 옆 사람까지 안심시킬 수 있다면 어디로 떠나도 좋다. 설령 아프리카 오지로 여행을 떠난다고 해도 당신은 그곳에서 즐거움을 발견할 수 있을 것이다.

일본 드라마에서 가장 많이 나오는 말이 있다. 고개를 열심히 끄덕이며 "이이요"라고 하는 말이다. 우리나라 말로 "좋아"라는 말이다. 일본인들은 유독 맞장구를 잘 쳐준다. 상대방의 말을 잘 듣고 호응해주는 게 배려와 예의라고 어렸을 때부터 배우기 때문이다. 일본 여성들이 말하는 게 왜 유독 귀엽게 들릴까? 한국어가 목에서 나오는 소리라면 일본어는 코에서 나오는 소리다. 그래서 일본어 발음을 할 때 코에다 힘을 주고 발음하면 굉장히 잘하는 사람이라는 소리를 들을 수 있다.

일본어를 잘하지 않아도 충분히 행복한 여행을 할 수 있다. 대신 이 말만은 꼭 기억하자. '이이네(좋아)', '혼또니 이이네(정말 좋다)', '스바라시이(대단하다 또는 진짜 짱이다)'라는 말이다. 이 말과 함께 감탄하며 엄지 척을 해주자! 그렇다면 어디를 가든, 누구를 만나든, 눈부신 미소와 따뜻한 응대를 받을 수 있을 것이다.

여행은 여행을 떠나온 것만으로도 기분이 좋아야 한다. 우리 주변에서 일어나는 모든 상황을 통제할 수 없지만 자신의 기분만은 통제할 수 있어야 한다. 생각하면 감정이 일어난다. 그 생각은 누가 하는가? 우리 스스로가 하는 것이다. 그런데 왜 자신의 생각과 감정을 타인의 행동에 맡겨버리는가? 다른 사람 때문에 기분이 좋았다가, 다른 사람 때문에 기분을 망친다. 타인의 영향을 잘 받는 당신이라면 각오하라. 사람 많고 복잡한 여행지에서 분명 불쾌한 경험을 하게 될 것이기 때문이다.

그럼에도 여행을 떠나는 일이야말로 인생의 주인으로 살아가는 지름길이다. 내 인생의 주인은 나다. 내 인생의 주인으로 사는 길은 내 생각과 감정을 바라볼 줄 아는 것이다. 어떤 일이 일어나도 '괜찮아, 이 일로 인해 일어나는 일은 좋은 일밖에 없어'라고 스스로에게 말하고 감정을 챙겨야 한다. 여행은 힘들수록 잊을 수 없는 추억이라는 선물을 내게 줄 것이고, 즐거우면 즐거웠던 만큼 떠나오기로 결심한 나에게 보상을 줄 것이다. 결국 여행을 떠나왔다면 모든 게 추억이다. 여행이 주는 가장 큰 선물은 추억이다. 그래서 모든 여행은 성공이다. 성공과 대성공밖에 없는 것이 여행이다.

올바른 선택보다 즐거운 선택을 하자. 우리 안에는 항상 양심이라는 재판관이 살고 있다. 끊임없이 옳고 그름을 판단하고, 나에게 득이 되는지 실이 되는지 계산해주는 서기관도 살고 있다. 여행에는 정답이 없다. 무엇이 옳은 여행인지, 무엇이 틀린 여행인지는 없다. 무엇이 즐거운 여행인지를 생각해야 한다. 오늘 무엇을 하면 즐거울까? 무엇을 먹으면 즐거울까? 무엇을 사면 즐거울까? 이것만 생각하자. 즐거운 상상을 할 수록 즐거운 일이 더 생길 것이다.

행복한 여행을 위해서는 우선 '불안', '불신', '불만'의 '3불'을 버려야 한다. 대신에 '안심', '충만', '평온'을 장착하자. 우리가 낯선 곳으로 여행을 떠나는 가장 큰 이유는 생소함이 주는 몰입감 때문이다. 우리의 생각은 지금 여기에 있지 않다. 과거를 회상하며 후회하고, 오지 않은 미래를 걱정한다. 우리 뇌 안쪽에 위치한 편도체의 방어기제는 그 옛날 선사시대 호랑이가 나타나거나 곰이 나타나거나 했을 때 빨간 경고등을 울리며 샘

솟는 힘으로 도망치도록 설계되어 있다. 물론 이 시대에 길거리에서 호랑이나 사자를 만날 일은 없다. 그럼에도 불구하는 편도체는 항상 과잉 반응하곤 하기에 편도체를 달래주어야 한다. 우리가 걱정하는 일의 대부분은 실제로 일어나지 않는다. 경고등이 켜지면 살살 달래주어야 한다.

"편도체야, 나를 보호해주기 위해 일해줘서 고마워"라고 말이다.

여행을 떠나기 위해서 필요한 7가지 기술은 사실 그다지 중요하지 않다. 이미 떠나기로 마음먹었다면 그 모든 기술을 뛰어넘는 자기 사랑과 행동력을 이미 가지고 있기 때문이다. 그냥 떠나면 된다. 그것만으로 이미 충분히 훌륭하다. 그리고 여행하면서 현지에서 어떤 상황을 만나든 당신은 한 가지만 신경 쓰면 된다. 가장 중요한 그 한 가지는 바로 '내면의 즐거움'이다. 오직 자신의 내면, 그 기분만 신경 쓰면 된다. 폭우를 만나든, 눈 폭탄을 만나든, 밥에서 벌레가 나오든, 호텔 시트가 엉망이든, 당신의 감정을 즐겁게 유지할 수 있다. 내면의 행복 버튼을 꾹 눌러라. 그리고 어떠한 일이 있어도 그 버튼에서 손을 떼지 말자. 그게 가장 중요한 행복한 여행의 기술이다.

2장

홋카이도
보랏빛 라벤더
낭만의 도시

내가 홋카이도를
사랑하는 이유

일본인들이 가장 선호하는 여행지는 어디일까? 소심하고 섬세한 섬나라 민족의 특징을 가지고 있는 일본인들은 한정된 공간에 모여 살아야 했다. 그래서 서로에 대한 배려심이 크다. 남에게 폐를 끼치는 것도 싫어하고 당연히 피해를 받는 것도 싫어한다. 어울리며 적당한 민폐를 용인하는 아량 많은 한국인들과는 문화적 차이가 있는 것도 사실이다. 다소 까다롭고 깍쟁이처럼 보이는 일본인들이 가장 많이 여행을 가는 곳은 어디일까?

바로 홋카이도(北海道)다. 한국에서는 한자 그대로 읽어 북해도라는 이름으로도 불리는 홋카이도는 일본의 네 개 섬 중에서 가장 최북단에 위치한다. 면적은 대한민국의 면적에서 강원도를 뺀 면적이라고 볼 수 있다. 인구는 520만 명이며 그중 도청 소재지인 삿포로에 190만 명이 모여 산다. 삿포로는 북위 43도에 위치하는 홋카이도의 경제·정치의 중심지다. 북위 43도에 해당하는 도시는 미국의 뉴욕, 독일의 밀워키를 예로 들 수 있다. 공통점은 서늘하다 못해 겨울이 길고 추운 곳이라는 점이다.

삿포로를 벗어나 드넓게 펼쳐지는 광활한 평야를 보면 답답했던 마음이 탁 트인다. 가도 가도 인적은 드물어 사람 보기는 어렵고 대자연 그 자체의 아름다움을 만끽할 수 있다. 여름에는 꽃밭이 겨울에는 눈밭이 드넓게 펼쳐진다. 걸릴 것 없이 광활하다는 것이 시원한 해방감을 선사한다. 한여름에도 끈적대며 무덥지가 않고 겨울에도 혹독하게 춥지는 않다. 홋카이도는 언제 가더라도 관광객에게 상쾌한 공기, 청정한 대자연, 먹거리, 온천 등 최고급 품질의 것들을 선사한다. 여름에 가도 시원하고 겨울에 가도 상쾌하다.

그래서 일본인들도 홋카이도 여행을 하고 싶어 한다. 내가 아는 오키나와 차량 기사님은 태어나 아직 한 번도 홋카이도를 가보지 못했다고 꼭 가보고 싶은 곳이라고 말씀하시고는 했다. 나는 홋카이도의 여름을 추천해드렸다. 라벤더 꽃밭을 바라보며 보랏빛에 취해보시라고, 만약 겨울에 가게 되면 반짝이는 파우더 눈에 눈이 부실 테니 꼭 선글라스를 준비하시라고 조언했다.

홋카이도는 국내선과 국제선을 포함해서 총 14개의 공항을 가지고 있다. 일본 전국에서 홋카이도의 각 지역으로 여행을 온다고 볼 수 있다. 실제로 관광을 해보면 일본 국내 관광객을 가장 많이 만날 수 있는 곳이 바로 홋카이도다. 홋카이도는 원래 버려진 미개척지 땅이었다. 차갑게 얼어붙은 땅이 대부분이었다. 사람이 살기도 어렵고 곡물을 재배하기도 어려웠다. 지금처럼 이렇게 자연이 아름답고 공기가 깨끗한 일본에서 가장 사랑받는 여행지가 되리라곤 예전에 미처 누구도 상상하지 못했을 것이다. 나는 가끔 손님들에게 "이렇게 좋은 땅을 우리 조상님들도 미리 선점해 놓으셨으면 얼마나 좋았을까요?" 하고 이야기한다.

홋카이도는 원래 선주민인 아이누인이 살고 있었다. '아이누'란 아이누 민족의 언어로 사람이라는 뜻이다. 아이누인들은 주로 강변에 움집을 짓고 부락 생활을 했다. 주식으로는 연어를 훈제해서 말려 먹으며 추운 겨울을 이겨내야 했다. 아이누인들과 일본인들의 초창기 만남은 오사카 상인들이 시작이었다. 그들은 홋카이도의 바다에서 자란 품질 좋은 다시마를 구하기 위해 홋카이도까지 건너왔다. 처음에는 물물교환을 하며 교류했다. 아이누인들은 저장 용기를 만드는 기술이 없어서 물건을 저장하는 칠기 그릇과 자신들이 가진 곰 가죽을 교환하기도 했다.

일본의 1869년 메이지 유신 당시 홋카이도는 일본에 합병되었다. 그때 많은 아이누인들이 학살당했다. 지금은 겨우 1만 2,000명 정도의 아이누인들이 남아 있을 뿐이다. 그들은 '시라오이'라는 곳에 모여 산다. 그리고 관광객을 상대로 아이누의 전통 악기를 만들어 팔거나 민속 공연을 해서 돈을 벌기도 한다. 짧은 관광 일정상 아이누 민족의 삶의 흔적을 접하기는 어렵지만, 홋카이도 지명 곳곳에 남아 있는 아이누인들의 말을 통해 만나볼 수 있다. 아이누인의 말로 '메마른 땅바닥'을 뜻하는 '삿포로',

'탁한 강물'을 뜻하는 '노보리베츠', '작은 통나무'를 뜻하는 '오타루' 등 지명의 80퍼센트가 아이누인들의 말이라고 볼 수 있다. '땅'을 뜻하는 '포로'와 '강'을 뜻하는 '베츠'는 넓은 땅과 흐르는 강이 많은 홋카이도에서 가장 많이 등장하는 지명이라고 할 수 있다.

북쪽의 차가운 땅인 홋카이도를 일본인들은 점령하고 개발을 위한 관청인 개척사(開拓使)를 설치했다. 홋카이도는 개발한 곳이 아니라 개척된 곳이다. 개척의 역사가 얼마나 험난했을지는 상상할 수 없지만, 많은 사람들의 피와 땀과 눈물의 결정체가 지금의 홋카이도라는 사실을 알 수 있다. 그래서 개척의 상징인 북방 별 모양의 북극성이 홋카이도의 맥주인 삿포로 맥주의 심벌 마크다.

내가 일본 여행 인솔자 일을 하면서 가장 가고 싶어 했던 곳 역시 홋카이도였다. 홋카이도는 일본 관광 상품 중 상품가가 가장 비싼 편이다. 그래서 손님들도 좋은 곳에 가서 잘 먹고 잘 쉬고 싶어서 비싼 상품을 선택해 오시는 경우가 많다. 그러다 보니 경력이 없는 초보 인솔자에게는 잘 배정되지 않는 지역이다.

홋카이도는 관광 코스도 여유롭다. 아침에 느긋하게 체크아웃해서 관광을 하고 다음 호텔의 체크인을 일찍 하는 편이다. 홋카이도의 관광 상품은 좋은 호텔에 좋은 식사와 온천을 겸하는 힐링 여행자들을 위한 상품이기에 호텔에서 보내는 시간이 많다. 당연히 인솔자들도 조금은 긴장을 풀고 관광을 진행할 수 있는 곳이다. 그래서 나의 로망은 홋카이도에 출장을 가는 것이었다. 내가 인솔 업무 경력이 3년 차 정도 되었을 때 드디어 홋카이도로 갈 수 있었다. 그때 일본 영화 〈러브레터〉가 흥행한 후였기에 전 국민의 일본어가 되어버린 "오겡끼데스까?"가 한창 유행하던 때였다. 흰 눈밭에서 여주인공이 오타루의 설산을 바라보며 자신의 연인을 향해 안타깝게 소리치는 그 모습은 많은 이들의 감성을 흔들어 놓았다.

홋카이도는 일본 내에서 땅값이 가장 저렴하다. 한 평에 몇 백 원 하는 곳도 있다. 홋카이도의 깨끗한 공기와 무엇보다도 은은한 색의 파란 하늘을 너무 좋아했던 나는 홋카이도 땅을 좀 사두면 어떨까 하고 생각했던 적이 있다. 그런데 이럴 수가! 일 년에 5개월 이상은 땅이 눈밭에 파묻혀 있다는 것이다. 만약 내가 홋카이도에 살게 된다면 5개월 이상은 고립된 집에서 나오지 못할 수 있다는 이야기다. 돌아다니기 좋아하는 나로서는 3일만 억류되어도 심리적 압박감을 느낄 것이 자명하다. 그래서 나는 가장 더운 여름에 한 달 정도만 홋카이도에서 쉬는 방안을 검토해보고 있다.

실제로 내가 아는 손님 한 분은 우리나라의 가장 더운 8월 한 달을 홋카이도에서 머물고 있다. 그분은 골프광인데 더위에 지친 자신을 위해 한 달간 홋카이도의 리조트 호텔에 머물며 절반은 골프를 치고 절반은 관광을 한다. 홋카이도의 매력은 가도 가도 끝없이 펼쳐지는 땅이다 보니 골프장을 보유한 리조트가 수도 없이 많다. 그래서 라운딩 비용도 저렴한 편인데, 18홀을 도는 데 5,000엔에서 7,000엔 정도로 우리나라 돈 10만

원도 안 되는 가격이다. 여기에 점심 도시락도 포함되어 있다. 그리고 그린 상태도 좋고 관리도 잘되어 있는데, 다만 캐디가 없고 손수 카트를 운전해야 한다는 점만 감수한다면 홋카이도의 깨끗한 공기를 흠뻑 마시며 골프를 원 없이 칠 수 있다. 골프를 친 후에는 최고의 온천욕이 기다리고 있다. 홋카이도의 후지산이라고 불리는 요테이산(羊蹄山) 근처에서 골프를 친다면 자연을 감상하는 즐거움까지 흠뻑 느낄 수 있을 것이다.

내가 홋카이도를 사랑하는 가장 큰 이유는 홋카이도는 언제 가든 무엇을 하든 늘 상쾌한 기분을 느끼게 해준다는 점이다. 홋카이도는 습도가 높지 않다. 전체적으로 장마와 태풍의 영향권에 속하는 일본이지만 홋카이도는 장마가 없는 곳이다. 그래서 여름도 끈적이지 않고 선선하며 서늘해서 더위에 지친 여행객을 회복시켜준다. 그리고 겨울에 가도 혹독한 추위가 아닌 춥지만 상쾌한 기분을 느낄 수 있는 곳이다. 발이 푹푹 빠질 정도로 눈이 많이 쌓여 있지만 그다지 춥지 않고, 오히려 공기가 청정하고 상쾌하다. 추운 겨울에 차갑게 얼린 맥주잔에 삿포로 맥주를 마시면 기가 막히게 끝내주는 맛을 느낄 수 있다. 소프트 아이스크림보다 더 새하얗게 반짝이는 설원을 바라보며 아이스크림을 먹어도 덜덜 떨리기는커녕 달콤하고 담백한 진한 우유 맛을 더 깊게 느끼며 행복할 수 있을 것이다. 그런 홋카이도이기에 나는 도착하는 순간부터 그리고 비행기를 타고 떠나올 때까지 내내 행복감을 느끼며 다녀온다. 나는 그런 홋카이도를 무척이나 사랑한다.

도착하는 순간
사랑이 시작된다

 관광을 하기 위해 가장 오랜 시간 비행기를 타야 하는 곳이 홋카이도다. 삿포로 공항으로 입국할 경우 한국에서 갈 때는 2시간 50분 정도 비행해야 하고 돌아올 때는 3시간 이상 비행기를 타야 한다. 갈 때와 올 때의 루트가 조금 다르다고 할 수 있는데 올 때는 비상착륙을 위해 일본 본토를 거슬러 내려오기 때문이다.
 대부분의 관광 일정은 삿포로 공항을 이용하는 경우가 많다. 물론 아사히카와 공항이나 하코다테 공항으로 입국하는 경우도 있다. 홋카이도는 아사히카와 지역을 몸의 배꼽에 해당한다고 말한다. 배꼽을 중심으로 크게는 도동, 도북, 도중, 도남으로 나뉜다. 홋카이도는 한 지역을 중심으로 관광 일정을 계획해야 한다. 그렇게 하지 않으면 장시간 버스를 타고 이동해야 하기 때문이다. 하지만 버스만 타고 이동해도 행복한 곳이 홋카이도다. 왜냐하면 드넓게 펼쳐지는 대자연을 바라보는 것이 홋카이도 여행의 묘미이기 때문이다.

홋카이도는 공항에 도착하자마자 기분이 좋아지는 곳이라고 한다면 믿겠는가? 삿포로 공항이 나에게는 그런 곳이다. 나는 아직 북한을 방문해보지 못했다. 북쪽의 공기가 어떤지 나로서는 알 길이 없다. 다만 삿포로가 북한의 중강진과 위도가 비슷하다고 했을 때 물론 북한과 삿포로는 지형이 다르겠지만 북한의 중강진에도 가보고 싶다는 생각이 든다. '남남북녀'라는 말을 들어봤을 것이다. 북쪽은 무슨 비밀이 있기에 아름다운 여자들이 많다는 걸까? 차가운 공기가 모공을 쪼여주고 깨끗한 공기가 폐를 튼튼히 해주기 때문일까? 그래서 피부가 탱탱하고 고운 것은 아닌가 하는 생각을 해본다.

삿포로 공항은 내리면 일단은 동선이 길지 않다. 실은 국내선이 크고 국제선은 그리 크지 않았다. 지금은 예전보다 공항의 규모가 3배는 넓게 확장되어 출국 심사 시 긴 줄을 이루며 장시간 서서 기다려야 하는 고초를 겪기도 한다. 2층의 출국장을 나오면 도라에몽이 반갑게 맞이해준다. 도라에몽의 오른쪽으로 아이누 민족의 역사에 대한 전시물이 있다. 로손 편의점도 바로 있어서 목이 마르거나 기내식이 없어서 배가 고플 때 삼각김밥과 따뜻한 녹차를 쉽게 구입할 수도 있다. 일본 전국의 공항 중 손님을 위한 편의시설이 가장 잘되어 있는 축이라고 할 수 있다. 역시 홋카이도다.

삿포로 공항은 손님과 함께 공항 1층으로 내려가 버스를 불러야 한다. 그사이 나는 손님들에게 한국보다 추운 날씨이니 옷을 더 껴입으시라고 조언해드린다. 손님들이 짐을 정리하는 동안 나는 공항 밖으로 나가서 주차 담당자에게 차 번호와 기사분 이름을 이야기한다. 이때가 홋카이도의 외부 공기를 처음 들이마시는 순간이다. 아무리 피곤해도 홋카이도의 차갑고도 선선한 공기를 들이마시면 신기하게 피로가 싹 사라지곤 한다. 그리고 탁 트인 조망을 바라보며 잠시 숨을 고른다. 신기하게도 홋카이도는 인천 공항에서 삿포로 공항에 도착하기까지의 수속하는 번잡함과 혼잡함까지도 정화시켜주는 필터가 있는 느낌이다. 어느 순간 내 마음은 평온해지고 은은한 즐거움이 차오른다.

나는 홋카이도로 신혼여행을 갔다. 사람들은 일본 여행을 밥먹듯이 하는 내가 일본으로 신혼여행을 간다고 하자 다들 "미쳤다"고 하거나 말리거나 두 가지 반응을 보였다. 나는 그때까지만 해도 여행에 대한 나만의 신조를 가지고 있었다. 어디를 가는 게 중요한 게 아니라 누구랑 함께하느냐가 중요하다는 나름의 개똥철학 말이다. 실은 결혼식을 치르며 많은 돈을 썼는데 신혼여행까지 막대한 돈을 지출하는 게 아깝다는 생각도 있었다.

우리는 패키지 일정의 상품에 참여했다. 겨울의 홋카이도는 뭐니 뭐니 해도 스키와 리조트의 천국이다. 그래서 스키장으로 유명한 리조트에서 하루를 숙박하고 홋카이도 최고의 온천인 노보리베츠 그랜드에서 하루를 보내고 마지막 날은 삿포로 내에서 1박 하는 일정을 선택했다.

홋카이도의 눈은 수분감이 적다. 그래서 내릴 때는 반짝반짝 빛나는 파우더 같다. 이 눈이 쌓이면 밟을 때 뽀드득뽀드득 소리를 낸다. 눈길을 걷는 것만으로도 기분이 좋지만 스키를 타기에도 더할 나위 없이 좋은 눈의 상태다. 그래서 여름은 골프장, 겨울은 스키장으로 두 번의 탈바꿈을 하고는 한다.

홋카이도 일정은 3박 중 2박은 호텔에서 식사하는 경우가 많다. 홋카이도의 식재료는 신선하고 일본 내에서도 일등급의 품질을 자랑한다. 홋카이도의 게는 털게, 즈와니게 등 종류도 다양하고 무제한으로 먹을 수 있는 곳이 많다. 연어, 성게알, 가리비 등 신선하면서도 달큰하기까지한 맛은 입에서 녹는다는 말이 절로 나온다. 홋카이도는 4개의 큰 바다를 끼고 있다. 당연히 해산물이 풍부하고 신선할 수밖에 없다. 나는 홋카이도의 바다를 유난히 좋아한다. 북쪽의 바다는 깊고 고요하고 쓸쓸한 느낌을 주면서 서정적인 감정에 젖게 한다. 그런 홋카이도의 바다는 바라만 봐도 마음이 차분해지고 고요해진다. 태평양의 다시마를 먹고 자라난 성게알은 내가 먹어본 성게알 중 최고로 달콤하고 맛있었다. 작은 성게알 하나가 25,000원이었지만 나는 그 맛이 지금도 그립다.

뿐만 아니라 감자, 옥수수, 토마토, 아스파라거스 등 야채는 말할 것도 없고 치즈와 푸딩, 아이스크림 등의 유제품도 홋카이도에서 먹는 것은 다들 최고의 품질이다. 그런데 홋카이도가 처음부터 먹거리가 넘치는 곳은 아니었다. 개척될 당시만 해도 메마르고 얼어붙은 땅은 논농사나 밭농사 어느 하나 적합하지 않았다. 도시가 개척되기 위해서는 우선은 먹을 것이 확보되어야 한다. 그래서 개척사는 미국의 농학자들을 불러 모아 고민했다. 일단 배수로를 만들고 땅의 성질 자체를 아예 바꿔야 했다. 그래서 아오모리 본토 쪽에서 대규모의 흙을 공수해와 흙 자체를 갈아엎는 객토 작업을 하게 된다. 거기에 기술력과 비료를 이용해 지금의 비옥한 땅을 만들게 되었다.

겨울 일본 여행의 묘미는 당연히 온천이 아니겠는가? 노보리베츠는 내가 가장 좋아하는 온천지 중의 한 곳이다. 홋카이도에 오면 나는 반드시 노보리베츠 온천에서 하루 숙박할 것을 추천하고 싶다. 최고급 요양 병원이 있는 곳이기도 하고 바로 옆에 지옥 계곡에서 용출되는 유황온천을 받아 내려 그물에 직접 몸을 담글 수 있다. 당연히 천연온천이다 보니 날씨에 따라 물의 온도가 달라지기도 한다. 유황은 찌꺼기처럼 부유물이 뜨는 특징이 있는데 몸에 이로운 약효 성분이니 크게 신경 쓰지 않아도 된다.

마지막 여행지로 많이 찾는 삿포로에 가면 '라멘 요코초'라는 100년의 역사를 자랑하는 라멘 골목이 있다. 삿포로 개척의 역사와 함께하는 대표적인 음식이 있다면 바로 삿포로 라멘일 것이다. 좁은 골목길 사이로 촘촘히 라멘 가게들이 들어서 있다. 라멘 요코초는 삿포로의 가장 번화가인 '스스키노 거리'에 접해 있다. 개척의 역사는 무엇인가? 많은 남성들이 땀 흘리며 하루종일 고된 노동을 해야 하는 노동의 역사다. 그들의 즐거움은 무엇인가? 고된 노동자들이 도망치지 않게 하기 위해서는 향락이 더불어 발달해야만 한다. 많은 본토인들이 돈을 벌어 본가에 있는 식구들을 먹여 살리기 위해 홋카이도로 이주했다. 본토와 달리 춥고 먹을 것도 부족하고 외로움에 시달렸던 그들을 달래기 위해 향락촌이 발달하게 되고, 너무 가난한 집안의 딸들은 돈 때문에 홋카이도의 향락촌으로 팔려 오기도 했다. 그 향락촌을 '너구리굴'이라고 했다. 지금의 아케이드 쇼핑거리인 '타누키 코지'가 그곳이다. 삿포로의 가장 중심 번화가라고 할 수 있다.

  스스키노 거리는 가장 화려하고 사람들이 많이 몰리는 번화가다. 그 안에 위치한 라멘 요코초의 초입에 시라카바산소(白樺山莊)라는 라멘 가게가 있다. 미소라멘인데 맵기를 정할 수 있다. 나는 3단 폭탄 매운 맛으로 주문을 넣는다. 라멘을 기다리는 동안 달걀을 까먹는다. 매운 미소라멘을 든든히 한 그릇 하고 나오는 길에는 여기저기 번쩍이는 네온사인들 사이로 술집 클럽의 호객꾼들이 우리를 유혹한다. 그런데 주의해야 한다. 삿포로의 밤은 급격히 추워져서 술집에 들어가게 된다면 나와서 숙소에 돌아갈 때 반드시 택시를 타야 하기에 호텔 명함과 현금을 준비해야 한다. 그만큼 삿포로의 밤은 춥고 현란하다. 홋카이도로 신혼여행을 다녀와서인지 모르겠지만, 나는 아직도 잘 살고 있다. 그래서 홋카이도는 나에게 가장 특별한 곳이기도 하다. 도착해서 떠나올 때까지 그 사랑이 지속되는 곳, 바로 홋카이도다.

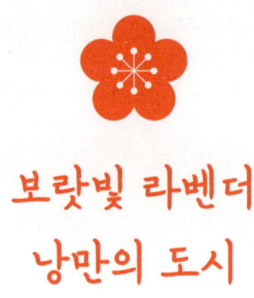

보랏빛 라벤더
낭만의 도시

　일본 국민 작가인 미우라 아야코(三浦綾子)의 소설《빙점》을 많은 사람이 알고 있을 것이다. '빙점'이란 인간의 가장 약한 부분, 깨지기 쉬운 부분을 이야기한다. 인간의 가장 약한 부분에서 기인하는 죄의식과 용서, 그리고 사랑 말이다. 많은 독자들의 절대적인 지지를 받았던 미우라 아야코의 고향이 바로 아사히카와다. 홋카이도의 가장 내륙에 위치한 곳으로 가장 추울 때는 영하 36도까지 떨어지는 곳이기도 하다. 10월 정도면 눈이 내리기 시작해서 3월까지는 눈이 쌓여 있는 겨울이 길고도 추운 곳이다.

　《빙점》은 일본에서 드라마로 리메이크되기도 했다. 간략하게 내용을 소개하면, 외과의사인 주인공은 부인의 외도를 의심한다. 부인이 외도한 사이 딸이 납치되고 살해되었다고 의심한다. 부인에게 복수하기 위해 범인의 딸인 요코를 입양해서 부인이 키우게 한다. 부인은 그 사실을 알고 요코를 학대하고, 요코는 결국 자살 시도를 하게 된다. 그런데 실은 요코는 범인의 딸이 아니었다. 요코는 성인이 된 후 친엄마를 만나게 되지만 힘들었던 기억 때문에 친엄마를 용서하지 못한다. 요코는 드라마의 처음 장면과 마지막 장면에 아사히카와의 눈 덮인 강을 바라보며 친엄마를 용서하지 못했던 후회의 눈물을 흘린다. 그들은 서로 의심하고 용서하지 못했기에 상처를 주고받으며 고통스러운 인생을 보낸다. 누구 한 사람만이라도 용서하고 무조건적인 사랑으로 품어주었더라면 연결된 고통의 고리를 끊어내었을 것이다. 죄와 용서라는 주제를 훌륭하게 풀어낸 미우라 아야코의 대표작으로 꼽힌다.

미우라 아야코는 1922년 홋카이도 아사히카와에서 태어났다. 그녀는 아사히카와 사립 여자고등학교를 졸업하고 교사로 근무하게 된다. 초등학교 교사로 근무하며 학생들에게 전쟁의 당위성에 대해 가르쳤다고 하는데, 그녀는 상당한 죄책감에 시달리지 않았을까 추측해본다. 교사를 그만둔 후 그녀는 폐결핵 진단을 받는다. 아직 20대였던 그녀는 척추 질환까지 겹쳐서 7년 정도를 방 안에서 천장만 보며 누워 지내야 했다. 겨울이 긴 아사히카와의 고요하고 추운 밤들을 미우라 아야코는 어떻게 버텨냈을까? 얼마나 절망적인 시간이었을지 가히 짐작조차 할 수 없다. 미우라 아야코는 그때 무슨 생각을 했을까? 왜 이런 운명을 가지고 태어났는지 신에게 외쳐 묻지 않았을까? 이대로 살아가야 하는지 아니면 죽어야 하는지를 말이다.

2장. 홋카이도 보랏빛 라벤더 낭만의 도시

절망적인 상황이었지만 신은 미우라 아야코에게 축복의 빛 한 줄기를 내려주셨다. 바로 운명과도 같은 인연인 남편 미우라 미쓰요(三浦 光世)와의 만남이다. 그녀의 남편은 아사히카와에서 안쪽으로 방이 딸려 있고 조그마한 자판에서 물이나 식품을 파는 가게를 운영하고 있었다. 미우라 아야코는 몸이 좋지 않았기에 누워서 한 땀 한 땀 소설을 썼고, 남편은 미우라의 원고를 신춘문예에 투고한다. 그래서 당선된 작품이 위대한 명작 《빙점》이다.

《빙점》을 보고 있노라면 아사히카와의 아름다운 자연경관을 접하게 된다. 예를 들면 첫 장면에서 요코가 흰눈이 둘러싸인 언덕에서 후회의 눈물을 흘리는 장면 같은 것이다. 용서하지 못하는 자신을 용서하지 못하는 그 이중의 감정과 아사히카와의 자연은 잘 어울린다. 눈이 시리도록 말이다.

아사히카와가 라벤더의 보랏빛 물결로 넘실대는 때는 바로 7~8월이다. 홋카이도는 여름과 겨울 두 번 이상은 와야 하는 곳이다. 보랏빛이 넘실대는 8월은 더위에 지친 여행객들에게 청량감을 선사한다. 비에이(美瑛), 후라노(富良野) 등의 아름다운 언덕은 감자꽃으로 뒤덮이고 팜 도미타 언덕은 형형색색의 꽃들이 파노라마 로드를 형성한다. 아름다운 꽃길들을 바라보는 것만으로도 황홀하다. 저 멀리 도카치가와산을 배경으로 푸른 하늘의 구름과 꽃밭 사이에서 시간을 보내고 있노라면 전생에 무슨 복이 많아서 이렇게 아름다운 경치를 감상할 수 있는지 새삼 감사한 마음에 충만한 기분이 들고는 한다.

라벤더는 참 예민한 꽃이다. 키워서 꽃을 피우게 하는 게 쉽지 않다. 기온이 너무 높아도 너무 낮아서도 안 된다. 조금만 기온이 내려가도 쉽게 냉해를 입는다. 7월 말쯤에 꽃이 피는데 1~2주 사이 만개하는 듯하다가 금세 다 떨어져버리고 만다. 그래서 그 시기에 맞춰 여행한다면 사람 반, 꽃 반으로 들판이 가득할 수 있음을 유의해야 한다.

인간에게 정서적으로 안정을 주는 향기 중 하나가 라벤더 향기다. 향수를 가장 사랑하는 지역이 있다면 바로 유럽이다. 유럽은 하수도 시설이 좋지 않았고, 물에도 석회질이 많아서 깨끗이 씻어지지 않는다. 그래서 그 냄새를 감추기 위해 향수를 사용했다. 유럽의 귀부인들이 가장 사랑했던 향이 바로 라벤더 향이다.

라벤더는 고급스럽고 선호되는 향기다. 라벤더 꽃밭을 보기 위해 관광 일정 중에 반드시 방문하는 곳이 '팜 도미타 농장'인데, 도미타는 농장주의 이름이다. 도미타 선생님은 라벤더의 아름다움을 널리 알리기 위해 자신의 농장을 무료로 사람들에게 개방했다. 보랏빛에 홀려 라벤더 언덕을 올라가다 보면 한순간에 훅 풍겨오는 라벤더의 향기가 우리를 취하게 한다. 라벤더 향기는 형용하기 어려운 고급스럽고 우아한 향기다.

나는 가수 강수지의 〈보랏빛 향기〉라는 노래를 좋아했다. 도입 부분이 '그대 모습은 보랏빛처럼 살며시 다가왔지. 예쁜 두 눈에 향기가 어려 잊을 수가 없었네…'로 시작한다. 보랏빛 향기라는 말이 가장 잘 어울리는 꽃이 바로 라벤더다. 나는 보랏빛을 특히 좋아했는데 바위 틈새에 피어 있는 할미꽃을 특히 좋아했다. 그 작고 예쁜 꽃을 왜 하필 할미꽃이라고 이름 붙였을까? 웅장한 이름이 아니기에 더 정이 가는 걸까? 할미꽃이 작지만 쨍하고 진한 보라색이라면 라벤더는 보라색에서 힘을 좀 뺀 은은한 보라색이라고 해야 할까? 가수 강수지의 여리여리한 모습과 라벤더의 피어 있는 자태는 언뜻 비슷한 느낌이 들기도 한다.

청정한 홋카이도는 병충해 걱정을 할 일이 없다. 깨끗한 공기에서 키워진 라벤더를 가공시켜 오일로 만드는 작업이 용이하다. 라벤더 오일을 이용한 바디용품, 라벤더 아이스 크림 등 세안용품에서부터 간식으로 먹을 수 있는 먹거리도 온통 보랏빛으로 물들어 있다. 진한 보라색에 우유를 탄 듯한 연보랏빛은 여름의 홋카이도를 상징한다고 볼 수 있다.

여름에 홋카이도를 여행하면 달콤한 과일을 원 없이 먹을 수 있다. 명성이 드높은 '유바리 메론'을 무제한 먹을 수 있는 호텔도 많다. 유바리 메론은 첫 수확한 메론의 최고 경매가가 3,500만 원에 육박할 정도로 홋카이도의 최고 명물이다. 예전 삼성의 고 이건희 회장은 유바리 메론을 홋카이도에서 직접 공수해서 드셨다고 한다. 한 통의 가격이 기본 20~30만 원 정도인 유바리 메론은 한입만 베어 물어도 달콤하고 상큼하다. 메론을 유달리 좋아하는 일본인들은 참외를 잘 먹지 않는다.

여름에 손님을 모시고 아사히카와의 아름다운 언덕인 비에이와 후라노에 가는 일은 나에게도 참 행복한 일이다. 미우라 아야코의 인생과 작품을 떠올리는 것 자체만으로도 감동적인 데다가 어디를 가도 사진 찍을 거리, 볼거리, 먹거리가 넘치기 때문이다. 후라노에서 팜 도미타의 라벤더를 보며 정서적 안정감과 행복감을 만끽했다면 비에이의 아름다운 언덕으로 이동한다. 전망대에 올라 사진을 찍고 화장실에 들른다. 이제부터 삿포로까지 내려갈 준비를 해야 하기 때문이다. 하지만 이곳의 가장 큰 장점은 아사히카와 명물들이 다 모여 있다는 것이다. 일단 화이트 퓨어라는 생으로 먹는 옥수수를 먹고, 유바리 메론을 한 조각 더 먹어도 좋다. 가장 추천하는 것은 자두 복숭아. 자두와 복숭아의 품종배합을 통해 만드는 자두인데 복숭아 맛이 난다.

 아사히카와는 참 아름다운 곳이다. 자연과 경치는 물론이거니와 아사히카와에서 태어나 삶을 살다 아사히카와를 밝히며 생을 떠난 위대한 영혼을 느낄 수 있다. 아사히카와로 떠나오면 어떨까? 여름에 한 번, 겨울에 한 번, 두 번 이상은 와야 하는 곳이다. 올 때는 미우라 아야코의 《빙점》을 읽고 온다면 여행의 즐거움은 배가될 것이다. 정서적으로도 치유되고, 몸도 마음도 건강해지는 곳이 아사히카와다. 보랏빛으로 넘실 때는 낭만적인 이곳으로 지금 바로 떠나볼까?

낭만의 설원에서
충만함을 느껴라

나는 대한민국의 따뜻한 남쪽 지역에서 자랐다. 겨울이 되면 눈이 펑펑 쏟아지기를 두 손 모아 기도하곤 했다. 연말이 되면 올해는 제발 화이트 크리스마스를 보낼 수 있기를 고대한다. 기대는 여지없이 물거품이 되었지만 말이다. 흰눈으로 뒤덮이는 날은 거의 없었다. 언제나 눈이 조금 내린다 싶으면 어느새 기온은 올라서 조금 쌓여 있는 눈조차 다 녹여버리곤 했으니 말이다. 겨울에 하루라도 눈이 내릴라치면 동네 강아지 마냥 기분 좋아 뛰어다녔다.

그런 내게 정말 원 없이 펑펑 쏟아지는 눈을 만끽하게 해준 곳이 홋카이도다. 겨울 홋카이도의 아름다움은 이루 말할 수 없다. 새하얀 눈으로 뒤덮인 미지의 세계는 지구의 태곳적으로 돌아간 듯하다. 꽁꽁 얼어붙고 흰 눈으로 뒤덮인다. 〈겨울왕국〉의 엘사가 어디선가 툭 튀어나올 것도 같다.

나는 겨울의 도야 호수를 유달리 좋아한다. 홋카이도에는 6개의 국립공원이 있다. 그중 시코츠도야(支笏洞爺)국립공원을 가장 많이 관광한다. 도야 호수에서 홋카이도의 후지산인 양제산을 향해 갈 때 펼쳐지는 도야의 언덕은 아름다운 비에이 후라노의 언덕 못지 않다. 흰눈으로 뒤덮인 도야의 언덕은 바람에 나부끼는 눈보라를 만들고 햇살을 받아서 반짝인다. 마치 거대한 화이트 아이스크림으로 뒤덮인 동화의 나라에 들어온 듯하다. 큰 숟가락으로 크게 한 숟갈 떠서 입안에 넣고 녹여서 먹고 싶을 정도로 깨끗하다.

홋카이도 여행을 한다면 도야에서 하루 정도 숙박하는 게 좋다. 도야 호수를 바라보며 노천온천을 하고 다음 날 아침에는 유람선을 탄다. 그 주변에는 유주산(有珠山) 로프웨이를 타는 곳도 있다. 원한다면 홋카이도의 곰을 볼 수도 있는 곰 목장도 있다. 도야에 위치한 호텔들은 대부분 석식과 조식도 맛있다. 홋카이도 여행을 한다면 살찔 각오를 해야 한다. 겨울은 특히 초밥과 회가 신선하고 맛있다. 게다가 스테이크도 맛이 좋다. 나는 겨울에 먹는 홋카이도산 방울토마토를 가장 좋아한다. 입가심으로 치즈는 꼭 빼놓지 않고 먹는다. 이러니 겨울철 내 뱃살은 홀쭉해질 틈이 없다.

저녁을 먹으며 레스토랑의 거대한 통유리로 눈내리는 밤의 도야 호수를 바라본다. 눈이 펑펑 오다 못해 비줄기처럼 쏟아지는데, 거리의 조명에 비춰지는 그 모습은 가히 환상적이다. 나는 겨울밤 눈 내리는 풍경을 넋을 잃고 바라보곤 한다. 격렬하게 눈발이 흩날리는 그 모습은 지극히 아름답다는 표현밖에 없겠다. 지금 이 순간 그 광경을 떠올리는 것만으로도 충만함을 느낀다. 흰눈은 왜 이리 사람을 기분 좋게 만드는 것일까?

도야 호수는 둘레가 43킬로미터에 이르는 칼데라 호수다. 아무리 추운 겨울에도 얼지 않는 호수로 원래는 악산성이어서 플랑크톤도 살지 못하는 죽음의 호수였다. 그런데 옆에 자리한 유주산에서 거대한 화산 폭발이 있었고, 어마어마한 양의 화산재가 도야 호수를 덮었다. 그후 놀랍게도 도야 호수는 생명이 살 수 있는 호수로 거듭났다. 지금은 청둥오리도 살고 있다. 그래서 선진국 8개국이 모이는 G8 국제 서밋을 개최하는 영광을 누리기도 했다. 도야 유람선을 타고 이동하다 보면 산 위의 등선에 유럽의 성처럼 보이는 건물이 있는데, 그곳이 바로 국제회의를 열었던 로얄캐슬호텔이다.

도야는 우리나라 수자원공사에서 수질 연구를 위해 방문하는 곳이기도 하다. 나는 화산재로 만든 팩에 더 관심이 간다. 도야 유람선을 타면 우리를 반겨주는 친구들이 있다. 바로 갈매기떼다. 갈매기는 바로 옆에 있는 태평양에서 도야 호수까지 출퇴근을 한다. 관광객들이 던져주는 새우깡과 사람들의 관심을 먹고 사는 녀석들이다. 유람선을 타면 반드시 새우깡을 준비하자. 이 갈매기들은 사람을 무서워 하지 않고, 보란 듯이 선착장 위에 위풍당당하게 서서 사람들의 시선을 즐긴다. 날씨가 좋다면 떼지어 출근해 있는 갈매기들을 볼 수 있다.

겨울의 홋카이도는 차갑게 불어오는 바람으로 매서운 추위를 느낄 때도 있다. 하지만 온몸이 부들거리며 기분 나쁘게 떨릴 정도로 혹독한 추위는 아니다. 손님들이 이구동성으로 하는 말이 홋카이도의 겨울이 생각보다는 춥지 않다는 것이다. 오히려 겨울 도심 속의 추위가 훨씬 견디기 어렵다. 건물과 건물 사이에서 불어오는 바람은 콘크리트에 부딪쳐 한층 모질게 차갑고 매서워진다. 대자연에 머물며 흰눈 속에 파묻혀 있는 것이 훨씬 덜 춥게 느껴진다. 흰눈은 마치 담요라도 된 듯 쿠션작용을 하며 차가운 겨울 홋카이도의 매서움을 완충시켜주는 것이다. 대자연의 경의로움에 감탄이 절로 나온다.

버스를 타고 이동하며 흰눈으로 뒤덮인 도야를 바라본다. 자작나무, 포플러나무, 삼나무는 눈꽃의 줄기가 된다. 겨울의 홋카이도는 눈꽃이 햇살을 받아 반짝이는 모습을 볼 수 있는 최고의 시기다. 꽃 중에 제일은 눈꽃이라고 했던가! 꺾을 수도 없고 꽃병에 담을 수도 없다. 순식간에 녹아 없어질 수 있는 수명이 짧은 꽃이기에 더욱 우리를 설레게 하나 보다.

아이누 민족이 가장 사랑했던 나무는 자작나무였다. 종이가 없없던 그들은 자작나무 껍질을 벗겨서 연애편지를 쓰기도 했다. 자작나무는 수액을 받아 내려 얼려서 먹는 얼음 캔디였다. 아이누 민족 아이들의 인기 만점 간식거리이기도 했다. 자작나무는 탈 때 '자작자작' 소리를 낸다고 해서 자작나무라고도 한다. 오일을 함유하고 있기에 추위에도 강하고, 불에도 잘 탄다. 가히 홋카이도의 대표적인 나무라고 할 수 있다.

도야에서 출발해 자작나무숲의 눈꽃에 취하다 보면 어느 덧 오타루에 도착할 것이다. 영화 〈러브레터〉의 배경이 되었던 곳이다. 여 주인공이 눈 덮힌 오타루산을 향해 "오겡끼데스까? 와타시와겡끼데스"를 외쳤던 곳이 바로 이곳 오타루다. 많은 이들이 이 영화를 보고 흰눈과 오타루의 낭만을 그리며 홋카이도에 대한 로망을 품었을 것이다.

〈러브레터〉의 주인공의 남자친구는 유리공방에서 일하는 유리공예사다. 오타루에 가면 오타루 운하와 함께 꼭 봐야 하는 곳이 바로 기타이치 가라스(北一硝子) 마을이다. 영화의 배경이 되는 곳이기도 한데, 기타이치 가라스 마을은 유리공예품을 전시하고 판매하는 곳으로 유명하다. 가수 조성모의 〈가시나무새〉 뮤직비디오를 촬영했던 오르골당이 위치한 곳이기도 하다.

기타이치(北一)는 사람의 이름이다. 원래 오타루는 청어를 잡아서 막대한 부를 쌓은 거상들이 많았던 곳인데, 이들이 청어를 유인하는 부표를 처음에 유리로 만들어 사용했다. 그런데 나중에 값이 싼 플라스틱으로 대체되자 그들은 유리를 폐기처분하는 데 골머리를 앓게 된다. 마을 주민들은 고심에 고심을 거듭한 끝에 기타이치라는 똘똘한 청년을 선발해서 이탈리아의 베네치아로 유학을 보낸다. 그곳에서 선진 유리 가공 기술을 배워온 기타이치는 자신의 고향에 기타이치 가라스 마을을 설립한다. 그래서 이곳에는 이탈리아 베네치아 미술관이 있다. 많은 여행자는 화장실을 이용하기 위해서 들르지만 말이다.

이렇듯 겨울의 홋카이도는 누구도 실망시키지 않는다. 나는 겨울에 여행하면서 퉁퉁 부은 얼굴로 관광하는 손님을 본 적이 없다. 물론 눈으로 뒤덮인 겨울여행은 눈길이 주는 불편함도 있을 수 있지만 오히려 천천히 조심하며 다니기에 손님들의 마음도 여유롭고 느긋하다. 홋카이도는 개척된 곳이다. 아이러니하게도 개척된 곳에서 미개척된 본연의 아름다움을 느낄 수 있는 곳이기도 하다. 모든 것을 흰눈으로 뒤덮어버리는 낭만이 가득한 설원의 홋카이도에서 가슴 벅찬 충만함을 느껴보면 어떨까?

홋카이도의 향기가
자꾸자꾸 좋아진다

홋카이도 여행의 매력은 뭐니 뭐니 해도 대자연이 주는 경이로움에 있다. 알랭드 보통(Alain de Botton)의 《나를 채우는 여행의 기술》에 보면 "여행이 우리에게 주는 가장 큰 위안은 평생 모르고 살았을 수도 있는 대자연의 아름다움을 마주할 수 있는 기회를 제공한다는 것이다. 바다나 숲 아니면 양떼 혹은 계곡. 이 눈부신 자연은 위험하고 고통스러운 인간 세상의 현실과는 아주 멀리 떨어져 있다. 마치 구원과도 같이, 자연은 우리가 어떤 사람인지 혹은 무엇을 원하는지 전혀 신경 쓰지 않는다. 자연은 말 없이 우리의 자만심과 이기심이 얼마나 하찮은지를 지적하며, 겸손함과 공평함의 중요성을 다시금 일깨워준다"라고 자연이 주는 즐거움에 대해 말하고 있다.

홋카이도 동쪽의 도동(道東) 지역은 아사히카와에서부터 시작한다. 아사히카와에서 동쪽을 향해 달리다 보면 동쪽 끝인 아바시리시(網走市)가 나온다. 아바시리는 러시아의 아모르 강변에서부터 떠내려온 유빙을 볼 수 있는 곳이다. TV 프로그램〈무한도전〉에서 오호츠크해 특집을 한 적이 있는데, 무한도전 멤버들은 열차를 타고 홋카이도를 횡단한 끝에 아바시리에 도착한다. 떠다니는 유빙 위를 걷기도 하고 무인열차역에서 편지를 써서 벽에 붙여놓기도 한다. 그들은 하루를 묵으며 게임을 하고 벌칙으로 온천에 입수하기도 했는데 그곳이 바로 아바시리 온천호텔이다.

아바시리에서 정남쪽을 향해 쭉 내려오면 '구시로(釧路) 습지'가 나온다. 먼 옛날 바닷속에 있었던 구시로는 다시 융기되어 육지가 되었지만 여전히 바닷속의 흔적을 간직하고 있다. 두루미들이 날아와 습지에서 무리지어 지내는 모습을 볼 수 있다.

도동 일정은 아사히카와에서 하루를 관광하며 숨을 고른뒤 동쪽 끝의 아바시리를 찍고 동남쪽 끝의 구시로 습지를 거쳐 원을 그리듯 크게 돌아서 관광하는 4박 5일간의 긴 여정이다. 도동여행은 차를 타고 계속 이동하고 또 이동해야 한다. 그만큼 사람의 흔적은 찾아보기 힘들고 가도 가도 끝없는 대자연만 존재하는 곳인 것이다. 자연의 아름다움을 만끽할 줄 아는 여행의 고수들만이 도동여행의 진정한 가치를 알 수 있을 것이다.

나는 손님들에게 도동여행을 소개할때 "아바시리에 가면 동양 최초의 유빙을 볼 수 있는데, 들리는 건 오직 바람 소리와 빙하가 부서지는 소리뿐입니다. 꼭 사랑하는 사람과 함께 가세요"라고 이야기한다.

홋카이도의 대부분 인구는 삿포로, 오타루, 아사히카와, 하코다테에 집중되어 있다. 홋카이도의 중앙 지역과 남쪽 지역에 도시와 인구가 밀집되어 있는 것이다. 중앙을 벗어나 동쪽으로 진입하는 순간 미개척된, 그래서 아름다운 홋카이도의 숨은 얼굴을 만날 수 있다. 있는 그대로의 진짜 모습을 발견하게 된다.

홋카이도 여행을 가장 멋지게 하는 방법으로 "구시로는 홋카이도 동부 지역을 대표하는 도시로 알려졌지만 별로 도회적이지도 목자적이지도 않다. 그럴싸한 역과 상업시설을 모두 갖췄지만 어딘가 쓸쓸해 보인다. 단지 도시 변두리에 자리잡은 공업 부지를 보며 한때 각종 산업이 번성한 흔적을 짐작할 수 있을 뿐이다. 시내 한가운데 누사마이 다리에서 새벽안개, 저녁노을을 보면 그 아름다움이 도시의 흥망성쇠를 이야기하는 것처럼 느껴진다"라고 이야기한다. 언 듯 동쪽 끝의 소외감과 고립감이 느껴지기도 한다. 물론 인간의 시선으로 봤을 때의 느낌으로 말이다.

구시로에는 일본에서 가장 큰 구시로 습지가 있다. 구시로 습지의 면적은 193.5킬로미터에 이르는데 서초구 면적의 4배 크기다. 중요 습지를 보호하기 위해 국제적인 협력으로 맺은 조약인 람사르협약을 1980년 일본 최초로 가입한 곳이다. 먼 옛날 바닷속에 잠겨 있던 구시로는 융기가 된 후 지금의 습지의 모습을 이뤘다. 그래서 바닷속의 에너지를 그대로 가지고 있어 천연기념물인 두루미들의 놀이터이기도 하다.

나는 홋카이도의 도동지역 첫 출장의 기억을 지금도 잊지 못한다. 모객된 인원은 15명이었다. 상품가도 비싸고 그리 선호되지 않는 지역이기에 겨우 출발할 수 있는 인원수를 채운 것이다. 아사히카와 공항을 통해 입국해 4박 5일의 일정이었다.

첫날 일정은 아사히카와 근처의 아사히야마 동물원을 관람하는 일정이었다. 아사히야마 동물원은 동물들을 가까이에서 보고 접할 수 있는 동선이 있어 유명한 곳이다. 아장아장 걷는 펭귄을 가까이에서 볼수 있는 절호의 기회다. 도동여행의 신호탄을 쏘아 올리기에 아주 적절하다고 할 수 있다.

둘째 날부터는 본격적인 이동이 시작된다. 장시간 차를 타고 이동해서 아바시리에 도착한다. 아바시리 호텔 앞에는 큰 호수가 얼어붙은 넓은 공간이 있는데 드라마 〈별에서 온 그대〉의 천송이가 도민준에게 사랑 고백을 하던 그 장소와 정말 똑같은 곳이다. 5일간의 일정은 자연 경관을 바라보는 일정이 대부분이다. 가장 기억에 남는 것은 백조들이 우아하게 떠 있는 모습을 볼 수 있는 굿샤로호(屈斜路湖)다. 면적이 서초구 크기의 3배에 달하는 일본 최대 크기의 칼데라 호수다.

가장 신비로웠던 곳은 단연 마슈호(摩周湖)이다. 바이칼 호수보다 더 투명한 곳이 있다면 믿어지는가? 마슈호에 가기 위해 굿샤로호에서 산을 하나 넘어야만 한다. 눈보라를 헤치며 겨울 산을 넘는 과정은 두려움과 설렘을 동시에 느끼게 한다. 겁이 나면서도 정말 끝내주게 아름답다. 무엇이 그렇게 아름답냐고? 바로 눈꽃이다!

멋진 경치를 보기 위해 목숨 걸고 여행하는 여행의 전사라도 된 느낌이라고 해야 할까? 마슈호를 보기 위해 분화구의 언덕을 올라가는 길목의 눈바람을 잊을 수가 없다. 희뿌연 눈보라를 헤치며 한 걸음 한 걸음 올라가면 드디어 마슈호는 세상에서 가장 맑고 투명한 색인 '마슈 블루'의 아름다운 호수를 보여주었다. 말로 표현할 수 없는 경의로운 기분이었다.

5일간의 일정 동안 총 1,000킬로미터 이상을 달렸고, 3개의 산을 넘고 물을 건너 아름다운 분화구의 호수와 눈꽃, 구시로 습지의 광활함을 맛보았다. 누구 하나 지친 기색 없이 충만함을 느끼며 아사히카와 공항에서 인천으로 오는 비행기에 몸을 실었다. 한국에 도착한 순간 나는 땅에 키스라도 하고 싶은 기분이었다. 마치 〈오즈의 마법사〉의 도로시가 폭풍에 휩쓸려 이상한 나라에서 모험을 즐기다가 다시 집으로 돌아온 것 같은 기분이었다.

알랭드 보통의 책 《나를 채우는 여행의 기술》의 자연이 주는 즐거움 편의 마지막에는 "자연이 우리에게 안정을 주는 이유는 우리 인생을 채우고 있는 문제와 실망 그리고 희망까지도 모두 그 앞에 서면 한없이 작아 보인다는 사실 때문일 것이다. 바다, 양, 나무, 구름 혹은 별, 그들의 시선에서 바라보면 우리에게 벌어진 일들은 정말 아무것도 아니다. 그러니 우리는 자연에 감사해야만 한다"라고 말한다.

홋카이도에서 만난 사슴들은 우리처럼 서로 질투하지 않는다. 우리가 느끼는 수치심, 열등감을 홋카이도의 여우나 곰은 느끼지 않는다. 그저

자연에 순응하며 살아간다. 가진 것에 만족하지 못하고 더 가지려고 하는 이기심은 우리 인간만이 가지고 있다. 나를 힘들게 하는 건 결국은 나 자신이다. 홋카이도의 도동은 언제나 말이 없이 고요하다. 하지만 웅장한 자태를 지닌 채 그 자리에서 묵묵히 기다린다. 우리가 찾아가면 언제든 자신의 좋은 것들을 아낌없이 내어준다. 그래서 나는 도동이 자꾸 그리워진다. 인간적인 나를 비우고 대자연의 신성함을 채운다. 대자연 안에 모든 생명은 연결되어 있고 하나임을 깨닫는다.

여행은 꿈꾸는 순간
시작된다

　70대의 노부부는 둘만의 여행이 처음이라고 하셨다. 평생 모 대학교 앞 떡볶이 가게를 운영하셨다고 했다. 30년간 단 하루도 쉬지 않고 일만 하셨다는 두 분은 자식들을 다 키워놓고 밀린 가게 대출금을 다 갚으면 꼭 좋은 데로 여행을 가자며 철석같이 약속하셨다고 한다. 어느덧 머리는 새하얗게 새고 얼굴에는 주름이 자글자글 해져서야 인생 첫 둘만의 여행을 떠나오게 된 것이다. 그렇게 선택해서 오신 상품이 홋카이도의 시그니처 상품이었다. 시그니처 홋카이도 상품은 노보리베츠, 도야, 삿포로를 경유하는 일정이다. 첫날과 둘째 날이 호텔식으로 짜여진 일정이기에 체크인 시간이 빠른 편이다. 더군다나 버스를 타고 이동하는 시간도 길지 않다. 첫날은 신경통과 관절염에 좋은 노보리베츠의 유황 온천을 즐길 수 있고, 둘째 날은 도야 호수를 바라보며 고층 외부 노천탕을 즐길 수 있다. 편안하게 힐링을 목적으로 하는 분들을 위해 구성된 상품이다.

평생을 하루도 쉬지 않고 일만 하시던 어머님은 암 진단을 받고 여행을 나오신 터였다. 지금은 세상이 좋아져서 암은 불치병이 아니라 얼마든지 항암치료를 하고 잘만 치료하면 낳을 수 있다. 홋카이도의 신선한 연어회, 무제한 대게 등 푸짐한 식사가 제공되었지만 아내 분은 어느 것 하나 마음대로 드실 수 없었다. 겨우 자극 없는 미소시루(일본식 된장국)와 흰밥에 야채 반찬을 드실 뿐이었다.

어머님은 버스의 두 번째 좌석에 앉아 계셨는데 이동하는 버스에서 홋카이도의 풍경을 그윽한 표정으로 바라보고 계셨다. 말이 별로 없으셨는데, 어쩌다 무겁게 입을 떼실 때면 항상 같은 소리를 반복하셨다. "너무 좋아", "너무 좋아"라고 말이다.

평생을 한결같이 일만 하신 어머님은 손가락 지문도 다 닳아 있었다. 삿포로 공항에 내려서 입국 심사를 할 때 입국 서류와 함께 두 번째 손가락의 지문을 찍어야 했는데, 어머님은 지문이 읽히지 않아서 한참 애를 먹어야 했다. 결국은 사무실로 들어가 서류 확인을 거친 후에 짐 찾는 곳으로 나오실 수 있었다. 암 진단을 받으셔서 컨디션이 좋지 않은 어머님은 장시간 비행기를 타는 것이 어려우셨다. 사실은 유럽에 가고 싶었던 것을 포기하고 홋카이도를 선택해서 오셨다고 했다. 홋카이도는 일본에서 유럽을 맛볼 수 있는 곳이라는 대리점의 추천을 받았다고 하셨다.

아버님은 여행하는 내내 어머니의 손을 잡고 계셨다. 어머님은 마르고

왜소한 체격이셨지만 소녀같이 해맑게 웃어주곤 하셨다. 나는 불쑥 어머님에게 질문을 던졌다.

"어머님 이렇게 여행을 떠나오니 뭐가 가장 좋으세요?"

어머님은 잠시 생각하는 듯하시더니 이렇게 말씀하셨다.

"밥 안 해도 되는 게 가장 좋아. 때 되면 밥 주고 때 되면 밥 주고, 여행은 남이 밥을 주는 게 가장 좋아."

나는 이 말씀을 듣는데 순간 코끝이 찡해졌다. '건강하실 때, 진작에 이좋은 걸 하시지, 왜 이제서야 이렇게 여행을 오신 거예요?'라고 입 밖으로 말하지는 못했지만 속으로 외치고 있었다.

왜 우리는 지금의 행복을 나중으로 미루는 데 익숙한 것일까? 요즘 가장 유행하는 말 중에 '가스라이팅'이라는 말이 있다. 알게 모르게 우리는 세상이 말하는 제한된 신념에 조종당하며 살고 있다. '고생 끝에 낙이 온다'라는 말을 들어본 적이 있을 것이다. '지금은 힘들지만 언젠가는 보상이 되니 좀 더 참고 힘내자'라는 말이다. 일본의 최고 부자 중 한 명인 기업인 사이토 히토리(斎藤 一人)는 이런 말을 했다. "고생 끝에는 고생이다", "지금 행복해야 다음도 행복해지는 법이다"라고 말이다. 참 명언 중의 명언이라고 생각한다.

50대가 되면 갱년기를 겪는 사람이 많다. 갱년기란 무엇일까? 일본의 아카사카에서 열렸던 '잠재의식을 변화시키는 차크라 세미나'에서 갱년기에 대해 들었던 내용을 소개하면, 우리는 살아오면서 경험했던 모든 기억을 뇌 속에 저장해놓는다. 뇌와 뇌 사이 주름에 무수히 많은 정보가 차곡차곡 저장되고 쌓인다. 아픔, 미움, 질투, 두려움 등 모든 부정적인 감정은 대면하고 싶지 않고 회피하고 싶기에 한쪽 저장고에 치워두고 뚜껑을 닫아버리는 것이다. 하지만 어느 정도의 시기가 되면 저장 용량의 한계가 오는 시점이 오는데, 이때가 대략적으로 50대 중반 쯤의 나이라는 것이다.

여성의 경우 50대가 되면 자식도 다 키우고 남편 뒷바라지, 시댁의 시집살이도 익숙해질 때쯤일 것이다. 그런데 그때 쓰레기통을 한꺼번에 비우는 시기가 오는 것이다. 자식이 속을 썩인다든가 남편이 외도를 한다든가, 인생의 허망함과 황망함이 한꺼번에 밀려오는 사건을 겪게 되고, 그 사건이 도화선이 되어 용량이 꽉 찬 뇌 속의 쓰레기통을 한꺼번에 비우게 된다. 그 기억들이 한꺼번에 신체의 호르몬을 자극하고 감정을 엉망으로 만들게 되는데, 그게 바로 갱년기라고 나는 생각한다. 나는 부부여행을 오신 손님들에게 항상 여행에서는 여자의 기분을 맞춰줘야 한다고 이야기한다. 아무리 여성의 인권이 높아졌다고 해도 사회적 분위기는 여전히 여자가 자신의 인생의 많은 부분을 가족 구성원을 위해 포기해야 하는 것 또한 사실이다.

익숙한 곳에서 낯선 곳으로 여행을 떠나면 우리는 지금 이 순간을 살아가게 된다. 아침에 해가 뜨는 것, 다른 언어를 쓰는 사람들을 마주치는 것만으로도 신기하다. 마시는 물, 공기까지도 새롭고 낯설게 느껴진다. 비로소 생생하게 지금 이 순간에 접속하며 내 안의 진정한 나의 생명력과 연결되는 것이다. 석가모니는 이렇게 말씀하셨다. "지금, 여기에 존재하라." 그 말인 즉슨 '지금 당장 여행을 떠나라'는 말씀이 아닐까? 우리가 불행한 이유는 현재를 충실히 살아가지 못하고 있기 때문이다. 왜냐하면 우리의 뇌는 잠시도 가만히 있지 못한다. 지나간 과거를 끊임없이 회상하면서 자책하고 괴로워한다. 그리고 다가오지 않는 미래에 대해 끊임없이 불안해하며 걱정한다. 더구나 지금은 스마트폰이 우리 곁을 24시간 지키고 있는 시대다. 타인의 의견에 민감하고, 타인이 나를 어떻게 생각하는지 확인하며 에너지를 소비해버리기 때문에 지금 여기에 더욱 집중하지 못하게 된다. 그래서 자신의 내면과 연결되고, 지금 여기에 몰입할 수 있도록 여행을 떠나야 하는 것이다.

여행을 떠나야 한다. 그리고 묵어 있던 감정의 찌꺼기들을 통째로 비우고 와야 한다. 알게 모르게 우리는 여행을 통해 묵은 기억을 날려 보내고, 그 자리에 즐겁고 설레는 기억들을 채운다. 그러면 부정적인 기억의 찌꺼기들은 밀어내기 수월해진다. 차마 버리지 못했던 반지, 팔찌, 여러 추억들이 묻어 있는 장신구, 물건들이 있다면 과감히 여행지에 버리고 와 보자. 묵은 기운은 날아가고 그 자리에 새로운 좋은 기운들이 채워질 것이다.

홋카이도 여행을 무사히 마치고 귀국하시는 노부부에게 나는 '시로이 고이비토(白い恋人)'라는 화이트 초콜릿 과자를 선물로 드렸다. 여행하는 동안 아프지 않으시고 병원에 갈 일 없이 무탈하게 귀국하시는 게 너무

감사할 따름이었다. 어머님은 여전히 기운 없어 하셨지만 눈빛은 생기가 있었고, 어느덧 얼굴에도 밝은 미소를 띠고 계셨다. '시로이 고이비토'는 그 두 분을 축복하기에 안성맞춤인 홋카이도의 상징적인 과자인 것이다.

 '시로이 고이비토'는 '흰색(白い)의 연인(恋人)'이라는 뜻이다. 흰 눈으로 뒤덮인 산에서 스키를 타고 내려오는 연인을 보며 떠올린 이름이라고 한다. 이 과자를 만드는 업체는 '시로이 고이비토'만으로 연 1,000억 원의 판매 수익을 올리고 있다. 예전에는 오로지 홋카이도에서만 구입할 수 있는 과자여서 한때 이 과자를 사기 위한 목적으로 홋카이도 여행을 하는 사람들이 있을 정도였다. 프랑스 과자를 모티브로 만든 이 과자는 우리나라의 쿠크다스 과자와 비슷하다. 쿠키 사이에 화이트 초콜릿이 들어가 있다. 이 과자 업체의 사장님은 과자의 인기가 너무 많아지자 일본 본토의 대형 백화점에서 수많은 러브콜을 받았다고 한다. 하지만 거절했다. 그가 거액의 로얄티를 포기한 이유는 무엇이었을까? 바로 홋카이도에서 여행을 마치고 가는 손님들이 오로지 홋카이도에서만 구입할 수 있는 '시로이 고이비토'를 먹으며 홋카이도의 아름다운 풍경과 여행의 추억을 곱씹게 만들어주고 싶었던 것은 아닐까?

 진정한 여행의 행복은 여행을 마치고 집으로 돌아간 후부터 시작된다. 며칠간의 여독을 풀고 나면 새록새록 여행의 추억이 하나둘 떠오를 것이다. 그리고 그 즐거웠던 기억으로 반복되는 일상을 살아갈 힘을 얻는다. 그러다가 다시금 다음 여행지를 고르기 시작한다. 바로 그것이다. 꿈꾸는 순간 이미 다음 여행은 시작된 것이다.

함께 떠나고
홀로 여행하라

　예전에 나는 하루 출장을 마치고 집으로 귀가하는 것이 그리 즐겁지만은 않았다. 집으로 돌아와서 현관문을 열고 트렁크를 집 안으로 넣고 '쾅' 하고 문이 닫히는 소리를 들을 때 말할 수 없는 외로움을 느꼈기 때문이다. 적막감 속에 홀로 던져진다는 게 참을 수 없을 만큼 싫었다. 나 자신과의 관계가 좋지 않았고, 스스로를 사랑하지 못했던 시절이었다. 그래서 나는 그 외로움을 달래기 위해 눈물이 날 정도로 매운 음식들을 먹고 또 먹었다. 그리고 떠오르는 누군가에게 전화를 걸어서 쓸데없는 이야기를 하염없이 주절대기도 했다. 지금 생각해보면 늘 혼자 있는 것에 불안을 느끼고 있었고 불안함 감정을 억누르려고 가진 에너지를 다 써버리곤 했던 것이다.

　우리는 좀 더 행복해지고 싶어서 여행을 떠난다. 그런데 대부분의 경우 혼자보다는 누군가와 함께하는 여행 일정을 계획하기 마련이다. 사회적 동물인 우리들은 수많은 관계 속에서 살아갈 수밖에 없다. 부부 관계, 부모와 자식 관계, 동료 관계, 친구 관계 등 관계를 맺지 않고서는 살아갈 수 없다. 그래서 그 많은 관계 속에서 여행을 계획하고 준비하는 것이다.

혼자 여행을 떠나면 대화를 나눌 일이 별로 없다. 물론 현지 언어를 유창하게 구사한다면 다를 수도 있겠지만 낯선 곳에서 현지인과 정다운 대화를 나눌 일이 얼마나 있겠는가? 입을 꾹 닫은 채 이동하고, 잠을 자고, 물론 종종 현지인과 형식적인 대화를 나눌 기회는 있다. 하지만 자신을 표현하지 못하고 공감받지 못하는 것은 사람을 고독하게 만드는 가장 큰 이유이기도 하다. 그 고독감은 두려움과 불안함을 불러온다.

낯선 곳으로 여행을 왔을 때의 설렘, 멋진 경치를 보았을 때의 감동은 함께 나눌 상대가 있을 때 비로서 여행의 더 큰 즐거움으로 다가오는 것이다. 그래서 우리는 모든 관계를 맺는 것에 대한 보상심리로 단체 여행을 계획하고 실행하는 것이다. 무리 지어 여행을 한다는 것은 어쩌면 사회생활을 잘하고 있다는 증거이기도 하다. 그래서 혼자서는 감히 상상하지 못할 일을 함께일 때는 용기 내어 저지르는 것이다. 조금 이기적으로 행동해도 죄책감을 크게 느끼지 않는다. 그렇기 때문에 사람들은 무리 지어 여행하는 것을 선호하는 것이리라.

사실 우리가 여행을 떠나는 가장 큰 이유 중 하나는 마음의 안정을 얻고 싶다는 욕구일 수 있다. 새롭고 낯선 곳에 가게 되면 그곳에 몰입하게 되고, 타성에 젖어 일상에서 끊임없이 재잘대던 우리 안의 불안의 목소리가 잠시 잠잠해진다. 우리는 불안의 시대에서 살고 있다. 많은 생각이 끊임없이 일어나고 생각은 감정을 동반한다. 감정은 우리의 육체와도 연관된다. 우리의 육체는 연약한 장기들이 복잡하게 연결되어 있다. 육체와 감정은 외부의 자극에 끊임없이 반응하며 안정감을 흔든다.

또한 지금은 스마트폰의 시대다. 휴대폰만 열면 각종 미디어, 뉴스, 콘텐츠가 자극적인 내용들로 가득하고 우리의 눈과 귀는 쉴 틈이 없다. SNS는 끊임없이 나와 타인을 비교하게 만들고, 나는 부족하다는 느낌이 질투와 분노의 감정을 부채질한다.

우리는 사실 아주 소심했거나 걱정이 많았던 사람들의 후손이다. 용맹했다면 전투에 나서서 빨리 죽었을 것이고, 태평했다면 추위에 얼어죽었을 확률이 높다. 자신의 생존을 위해 겁이 많고, 조금은 비겁한 선택을 했을 수도 있다. 거대한 초원에서 살아남아야 했던 이들은 생존을 위해 발버둥치며 뼛속 깊은 공포를 맛보았을 것이다.

우리는 지금 편리하고 좋은 세상을 살고 있지만 항상 우리를 걱정하고 불안하게 하는 것들에 둘러싸여 있다. 그래서 마음의 안정을 사랑하는 사람들에게 얻으려고 하지만 사람에게 기대해서는 안 된다. 그들 또한 우리와 같이 걱정과 불안을 가진 이들이고, 타인의 마음은 우리의 뜻대로 할 수 없기에 간섭하지도 말아야 한다는 것이 진실이기 때문이다.

그러므로 우리는 안정을 얻기란 어렵단 걸 인정하고 그냥 웃어넘겨야 한다. 우리가 불안하다는 사실에 불안감을 느낄 필요가 없다는 말이다. 인생이 잘못됐다는 뜻이 아니다. 그저 우리가 살아 있다는 증거일 뿐이다.

삶의 먹구름을 걷어내줄 장소라고 기대하며 여행지를 선택하는 것은 조심하는 게 좋다. 무조건 거기에서는 행복만 가득할 거라고 믿는다면 실망할 것이다. 인간이 아무 걱정 없이 행복할 수 있는 시간은 15분을 넘기기 어렵다고 한다.

30년 지기 초등학교 동창 모임의 손님 25명 팀이 여행을 오셨다. 한국 사회는 특히 학연이 중요시되는 사회다. 초등학교, 중학교, 대학교, 석사과정, 박사과정 등등 아직은 학벌이 중요시되는 사회인 만큼 참 다양한 인연, 다양한 모임이 있다. 나는 그중에서도 초등학교 동창 모임 단체 인솔을 선호하는 편이다. 왜냐하면 초등학교 동창 모임은 오랜 시간에 걸쳐 인연을 맺어왔다는 점과 가장 순수한 시절 친구들의 모임이기 때문이다. 그래서 손님들은 서로 만나는 순간부터 장난을 친다든지 어린 시절의 모습을 떠올리며 밝고 명랑한 분위기가 형성되기 쉽다. 자연히 여행 분위기도 좋고 여행을 하며 큰 불만을 제기하는 사람도 없다.

하지만 하루하루 여행을 하다 보면 알게 모르게 사소한 문제들이 생기기 시작한다. 주로 그 요인은 돈과 관계되는 경우가 많다. 공동경비를 걷는 문제부터 걷을 것인지 말 것인지 이런저런 의견이 나오기 시작한다. 그리고 금액은 얼마를 걷을지도 말이다.

공동경비는 대부분 식사 때마다 마시는 맥주, 소주, 사케 등 술값이 대부분이고, 관광지마다 먹어봐야 하는 간식도 포함된다. 공동경비를 걷게 되면 개인적으로 돈을 쓰는 것이 아깝게 느껴지거나 또 다른 친구들의 눈치를 봐야 할 수도 있을 것이다. 술 마시는 것을 좋아하는 사람은 공동경비로 마시는 것이니 좋을 것이고, 술을 못 마시는 사람은 경비를 지불하는 게 손해를 본다고 느껴질 수도 있다.

관광지에서 사고 싶고, 먹고 싶은 것도 개인의 취향을 반영하는 게 어려워질 수 있다. 정말 "내가 한턱 쏠게!" 이런 넉넉한 마음에서 친구들의 즐거운 여행을 위해 후원한다는 넉넉한 마음이 아니라면, 우리가 살아가며 배워야 하는 돈과 인관관계에 대한 공부를 여행에서까지 깊게 배우게 될 수도 있다. 진정한 심화학습편이라고 할 수 있다. 아무리 겉으로 행복해 보이는 초등학교 동창 모임이라고 해도 현재 삶의 수준은 조금씩 다를 수 있다. 자식 농사를 잘 지은 사람도 있고, 아니면 어린 시절에는 공부도 잘하는 반장이었지만 성인이 되어서는 사업 실패로 힘든 친구도 있을 수 있다.

자고로 우리는 힘든 친구를 응원하는 데는 관대한 편이지만 잘나가는 친구에게 박수를 보내는 것은 어려워 하는 법이다. 만약 자식 농사를 잘 지어 자식의 직업이 부러움을 살 만한 의사나 판사, 변호사라든지 우리가 좋아하는 직업군이라면 친구들을 위해 한턱을 쏴야 할 것이다. 아니면 뒤에서 욕을 먹게 될 수도 있다. 그렇게 사소한 말 한마디에 기분이 상하고 감정을 상해서 "평생 함께 여행하자"며 왔던 여행이 "그만 인연을 끊자"라는 말이 나오는 여행으로 바뀔 수도 있는 것이다.

나는 이렇게 말하고 싶다. 함께 떠나왔더라도 여행의 즐거움은 각자 누려야 한다는 것이다. 진정한 홀로서기를 이룬 사람만이 여행이 주는 즐거움을 마음껏 누릴 수 있는 것이다. 자기 자신이라는 멋진 친구와 함께 여행을 떠나야 한다. 스스로가 무엇을 좋아하는지, 무엇에 기뻐하는지를 잘 알고 있어야 한다. 그리고 그 친구가 하는 말을 잘 듣고 원하는 바를 아낌 없이 제공할 줄 알아야 한다. 그런 사람만이 주변 사람들에게도 관대하고, 스스로와 타인에게도 마음껏 베풀 줄 아는 것이다.

블레즈 파스칼(Blaise Pascal)은 이렇게 말했다 "모든 인간의 불행은 자신의 방에 혼자 앉아 있지 못할 때 생긴다." 만약에 당신이 자기 자신과 함께 있는 것이 불편하다면 지구상 어느 곳을 여행한다고 할지라도 외로움을 느낄 것이다. 그러나 당신이 자기 자신과 함께하는 것이 즐겁다면 설령 집안에만 머물지라도 충만할 것이다. 그것을 아는 것이 바로 최고의 여행 기술이다.

3장

오사카, 나라, 교토
동서양의 매력이 공존하는 곳

천천히 여유롭게
교토 골목을 걷다

　내가 일본 지역 인솔 업무를 하며 가장 많이 안내하는 곳이 바로 교토다. 오사카, 나라, 교토는 초보 인솔자도 안내하기 수월한 지역이다. 차를 타고 이동하는 시간이 비교적 짧은 데다 역사적으로 설명할 이야깃거리도 상대적으로 많은 지역이다. 대신 많이 걸으면서 관광해야 하고 그만큼 체력 소비가 많은 곳인 만큼 손님들도 비교적 젊은 층이 많다. 그래서 열정과 체력만 있다면 처음 손님을 모시고 출장을 나왔다고 하더라고 어찌어찌 4일간의 출장 일정을 마무리할 수 있는 곳이다.

　나는 처음 교토를 소개할 때 '가장 일본스러운 일본이다'라고 손님들께 말하곤 했다. 손님이 해외여행을 할 때 기대하는 것이 무엇이겠는가? 이국적이면서도 가장 그 나라다운 무언가를 보고 싶어하지 않겠는가? 우리는 일본을 흔히 '가깝고도 먼 나라'라고 이야기한다. 문화적으로 비슷하고 거리적으로도 가깝지만 정서적으로 먼 나라라는 이야기일 것이다. 일본은 시차도 없고 같은 동양권이라 얼굴 생김새도 비슷하다. 흰쌀로 지은 밥에 국물도 마시고 반찬도 먹는다. 그래서 딱히 일본을 엄청 이국스럽다고 말할 수는 없다. 그러면서도 우리가 일본에 기대하는 것은 〈게이샤의 추억〉에서 하얗게 분칠한 얼굴에 입술을 붉게 화장한 게이샤나 칼 두 자루를 차고 있는 〈라스트 사무라이〉, 어디에선가 나의 목숨을 노리는 〈닌자〉가 숨어 있기를 기대하는 것이리라.

교토여행의 가장 큰 즐거움이라면 뭐니 뭐니 해도 골목길을 걷는 것이다. 300년 이상된 일본의 전통 목조 가옥들이 다닥다닥 붙어 있고, 정교하게 반들반들 다듬어진 돌길로 연결된 좁은 골목길을 천천히 둘러보다가 느낌이 좋은 곳에서는 말차 한 잔을 마시는 것이다. 소매통이 넓은 후리소데(振袖)의 기모노를 차려입고 머리는 꽃 장식으로 예쁘게 치장한 아가씨들을 보는 것은 덤일 것이다.

교토는 시 전체가 하나의 거대한 문화재라고 해도 과언이 아니다. 1,000년 이상의 세월 동안 일본의 천황(天皇, 일왕의 일본식 표현으로 이 책에서는 일본식 표현 그대로 표기했다)이 거주했던 곳이다. 그만큼 교토인들의 프라이드는 일본 내에서 최고라고 할 수 있다. 교토에서는 고풍스러운 정서를 깨는 높은 건물과 튀는 색깔 사용도 안 된다.

교토인들은 도쿄에서 교토로 오는 것을 '올라온다'고 이야기하고, 교토에서 도쿄로 가는 것은 '내려간다'라고 이야기한다. 절과 신사까지 합쳐 2,000개가 넘는다. 우리나라 대구처럼 분지로 된 지형인 교토는 네 개의 산이 둘러싸고 있다. 그리고 교토 한가운데로 세 개의 강이 흐르고 있다. 평온한 시대가 오래 지속되기를 원했던 일본인들이 발견한 최고의 명당이라고 할 수 있다.

연간 800만 명이 넘는 관광객들이 가장 많이 찾는 교토의 최고 명소는 우리나라에서는 청수사로 알려진 기요미즈데라(清水寺)이다. 나는 기요미즈데라 입구까지 올라가는 골목길을 좋아한다. 항상 북적대는 인파를 헤치며 올라가야 하는 불편함도 있지만 올라갈 때 은은히 풍겨오는 고급진 향 냄새를 유독 좋아한다. 나는 그 향 냄새야말로 '교토의 향'이라고 말한다.

기요미즈데라로 올라가는 길에는 교토에서 맛볼 수 있는 특색 있는 즐거움이 가득하다. 깨끗한 물을 마시며 소원을 빈다는 의미(청수사)인 만큼 각종 먹거리를 먹고, 구경할 수 있는 가게 들이 즐비하다. 녹차, 야츠바시, 츠케모노, 부채, 도자기, 화과자, 떡, 아이스크림까지 교토의 종합 선물세트라고 할 수 있다.

도요토미 히데요시(豊臣秀吉)의 첫째 부인인 '네네'에게는 자식이 없었다. 그래서 자식을 얻기 위해 기요미즈데라로 향하는 니넨자카, 산넨자카를 걸어 올라가 기요미즈데라 입구의 5층 탑에 자식을 얻게 해달라며 매일 기도를 하러 다녔다. 그리고 시인과 문인들을 후원하며 시를 짓고 들으며 차를 마셨다. '네네의 길'이라고 이름 붙여진 이 길에서 일본 최초의 살롱 문화가 싹튼 것이다. 네네는 말년에 불교에 귀의해서 절을 세우는데 바로 기요미즈데라 아래쪽의 '고다이지(高台寺)'라는 절이다.

흥복사에서 시작해 네네의 길을 따라서 니넨자카, 산넨자카를 지나 향냄새가 그윽이 풍겨오는 오르막을 올라 기요미즈데라를 참배하는 것이 좋다. 일본인들도 이 길을 좋아한다고 한다. 기요미즈데라에 도착하면 탁 트인 교토의 경관을 마주한다. 저 멀리 조금은 거슬리는 뾰족한 첨탑이 보이는데 바로 교토 타워다. 교토인들은 너무 현대적인 교토 타워를 눈엣가시라고 생각한다. 자존심이 높고 오래된 전통의 가치를 소중히 여기는 교토인들에게 충분히 그럴 만하다.

기요미즈데라는 절벽 위에 세워진 절이다. 맑을 '청(淸)', 물 '수(水)'를 써서 '물이 맑은 절(寺)'이라는 뜻이다. '청수'라고 하면 옛날 장독대 위에 물 한 그릇을 올려놓고 '비나이다, 비나이다, 천지신명님께 비나이다'라고 기도했던 우리네 어머니의 모습이 그려진다. 그래서 기요미즈데라에 가면 세 줄기의 폭포가 있는데 그 물을 마시면서 건강, 돈, 좋은 인연을 기도하는 것이다.

400년을 기른 느티나무는 400년을 간다. 기요미즈데라는 139그루의 400년 된 느티나무를 못질도 전혀 하지 않고 홈을 파서 마치 레고 조립을 하듯이 기둥을 세웠다. 우리나라의 한옥을 설계하는 기술과 흡사하다고 할 수 있다. 바로 이 기둥 위에 무대처럼 참배 공간을 만들어 절을 세운 것이다. 지붕도 편백나무 껍질을 잘게 쳐서 지붕을 올렸다. 지붕은

20~30년 주기로 리모델링한다.

기요미즈데라는 일년 내내 언제 가도 아름답다. 아래에서 기둥을 올려다봐도 아름답고, 기요미즈데라에서 바라보는 교토 전망 또한 아름답다. 저 멀리 교토 전체를 배경 삼아 사진을 찍을 수 있는 전망대 역할도 톡톡히 한다. 사람들은 언제부터 절에 가서 소원을 빌게 된 것일까? 석가모니는 왕자로 태어나셨다. 하지만 가지고 있던 모든 권력, 명예, 재산, 아름다운 부인, 사랑스런 자식까지 뒤로하고 출가를 했다. 그런데 왜 우리는 부처님께 학업 성취와 가내안정과 부자가 되기를 기도하는 것일까? 부처님은 윤회의 고통을 끊어내고 속세에 다시 태어나지 않는 열반에 드셨는데 말이다.

자고로 인간은 욕망을 가지고 속세를 살아가야 하는 존재다. 부처님은 다 가지셨기에 내려놓을 수 있었다. 원하는 바를 다 이뤄야 진정 내려놓을 수 있는 법이다. 그래서 우리는 욕망을 추구하며 살아갈 수 밖에 없다. 그 욕망을 이룰 수 있게 도와주는 것이 변형된 불교인 밀교(密教)다. 그래서 기요미즈데라에 가면 우리가 원하는 모든 것을 기도할 수 있다. 일명 소원 백화점이다. 어떤 욕망을 가졌든 기도할 수 있는 곳이다. 그래서 기요미즈데라의 인기는 식지 않는 것이 아닐까?

기요미즈데라에서 참배를 마치고 내려오는 길에 밥을 먹어야 한다. 나는 단체버스 주차장 근처의 '코코 도스'라는 가게의 우동을 좋아한다. 다시마 국물도 시원하고 면발이 졸깃해서 후루룩 하며 면발을 목으로 넘기는 느낌이 참 좋다. 그 우동은 한동안 못 가면 먹고 싶어서 생각난다. 가게는 스무 명 정도 들어가는 작은 규모로 사장님은 여든이 넘은 부부이신데 장사가 잘되는지 3시만 넘으면 문을 닫는다. 가게 자체가 워낙 작아서 인원이 많을 때는 예약하기도 어렵다. 나는 가끔 화장실 이용을 위해 들르기도 한다.

구우카이(空海) 스님이 당나라 유학을 하며 들여온 게 바로 우동이다. 일본에서 우동은 사누키 우동이 원조인데 시코쿠(四国)의 다카마츠(高松)라는 지역은 비가 적게 내리고 건조해서 밀 농사를 짓기에 유리했다. 우동은 가성비가 아주 좋다. 밀가루, 소금, 물만 있으면 반죽이 끝이다. 이보다 가성비 좋은 장사는 없다.

우동 한 그릇을 먹고 배를 채웠다면 이제는 천천히 여유롭게 골목길을 걸어본다. 기요미즈데라에서 기도도 마쳤고 이보다 더 여유로울 수 없다. 산넨자카 쪽으로 내려가는 것도 좋다. 교토의 유명 로컬브랜드인 '요지야'에 들러서 기름종이랑 핸드크림을 구매하는 것도 좋다. 예전의 게이샤들은 화장독으로 많이 죽었다. 그들은 한번 진한 화장을 하면 일을 마치기 전까지 지울 수가 없었다. 그래서 화장 위로 뜨는 기름을 닦아내곤 했는데 그게 바로 요지야의 기름종이다. 요지야의 로고는 거울에 비친 눈썹이 없는 여인인데 에도 시대의 미인이다. 나는 특히 요지야의 핸드크림을 좋아하는데, 부드럽고 그윽한 향기가 자극이 없으면서도 우아한 향기가 교토를 상징하는 듯하기 때문이다.

나는 교토 골목의 냄새가 참 좋다. 여유롭게 천천히 걸어 내려오다가 '네네의 길'에 있는 스타벅스에 들어가보자. 오래된 목조건물을 개조한 스타벅스는 피로에 지친 여행객에게 정신을 번뜩 나게 해주는 충전제가 될 것이다. 원래 여행을 하다 보면 일식을 먹다가 한 번쯤은 한식스타일로 고추장에 비빔밥을 먹어야 한다. 그래서 녹차가 원조인 교토이지만 스타벅스에 들러 아메리카노를 한잔하는 것도 좋다. 교토인들에게 미움받지 않기 위해 일본풍의 건물과 간판을 단 스타벅스를 단박에 찾기는 어렵겠지만 말이다. 익숙한 커피향에 편안함을 느끼며 천천히 여유롭게 교토의 골목을 걸어보자. 구석구석 정갈하면서도 잘 정리된 교토의 깔끔함과 고풍스러움이 더욱 아름답게 느껴질 테니 말이다.

비슷한 듯 다른
간사이와 간토

나는 부산에서 태어났다. 부모님 두 분 다 고향은 전라남도 순천이시다. 전라도 남녀가 결혼을 한 후 부산으로 돈을 벌기 위해 이주한 것이다. 아버지는 부산에서 국수 공장을 운영하셨다. 나는 지금도 국수를 참 좋아하는데 엄마가 나를 임신한 상태에서 국수를 많이 드셔서 그런 듯하다. 엄마는 젊은 시절 국수 공장에서 고생하며 일한 기억 때문인지 국수를 싫어하신다. 나는 태어나서 여섯 살 정도까지 부산에 살았다. 우리집은 사직 야구경기장 바로 옆에 있었다. 지금도 생각나는 건 방 한 칸의 집들이 다닥다닥 붙어 있었던 것이다. 우리집 바로 옆에는 경희라는 동갑내기 친구의 집이 있었는데 나는 경희를 곧잘 때리곤 했다. 경희 엄마는 나한테 맞고온 경희를 왜 맞고 다니냐며 혼내곤 했는데 그런 소리까지 다 들을 수 있었다. 지금 생각해보면 일본식 서민 주택가인 '나가야(長屋)'에 살았던 것이다.

　오랜 타향살이에 지치신 건지 국수 공장을 운영하던 아버지는 돌연 모든 걸 정리하고 고향인 순천으로 돌아오셨다. 우리는 순천역 근처의 철도간사에 세를 들어 살았다. 그때까지만 해도 나는 부산 사투리를 곧잘 쓰곤 했다고 한다. 잘 기억은 안 나지만 철도간사 근처에서 세발자전거를 타고 즐겁게 놀았던 기억이 있다. 한번은 잠을 자다가 오줌을 쌌는데 엄마가 소금을 받아오라는 것이다. 나는 조그만 밥그릇을 들고 세들어 살던 집주인 아주머니한테 소금을 좀 달라고 그릇을 내밀었다. 주인집 아주머니는 "또 쌀 거냐?" 하며 나한테 소금을 냅다 뿌리는 것이었다. 얼마나 놀라고 서러웠는지 엉엉 울면서 집으로 왔다. 그 후로 나는 오줌을 싸지 않았다.

　부산에서 태어나서 전라도에서 자란 나는 가끔씩 고향을 물어오면 머뭇거리게 된다. 나는 경상도 사람인가, 전라도 사람인가. 우리나라에서는 태어난 지역에 따라 편견을 갖는 문화가 여전히 존재한다. 선거철만 되면 지역별로 물드는 색깔처럼 말이다. 인솔 일을 하다 보면 우리나라 전국 각지에서 오신 분들과 한 버스에서 3박 4일 동거동락한다. 각 지역별로 손님들의 특색이 있는 건 사실이다. 하지만 일본에서 여행하다 보면 우리는 어느덧 같은 한국인이라는 끈끈한 동질감 안에서 하나가 되어간다. 멀리서 바라보면 우리는 하나인 것이다. 1988년 서울 올림픽의 주제가인 〈손에 손잡고〉가 벽을 넘어 하나 되는 세상을 노래했던 것처럼 말이다.

뼛속 깊은 지역 감정은 비단 우리나라만의 일이 아니다. 일본 또한 마찬가지다. 크게는 서쪽과 동쪽인 간사이(관서, 関西)와 간토(관동, 関東)로 구분 짓는다. 간사이의 중심은 오사카다. 오사카는 일부러 개척하고 계획해서 만들어진 도시가 아니다. 섬나라인 일본의 특성상 오사카 항구를 중심으로 자연히 무역이 활발해지며 커진 도시다. 실제로 1,000년 이상 일본의 중심지는 간사이 지역이었다고 볼 수 있다. 대신 일본의 대외적인 굵직한 행사는 다 간토 지역인 도쿄를 중심으로 이뤄졌다. 도쿄는 1964년과 2021년, 올림픽을 두 번이나 치렀다.

간사이와 간토는 열등감과 우월감 사이에서 역사적인 라이벌이다. 메이지 유신(明治維新) 이후 총리대신인 오쿠보 도시미치(大久保 利通)는 일본의 중심부를 간사이로 할지 간토로 할지를 놓고 고민했다. 결국은 정무 부서가 많은 도쿄를 일본의 중심지로 정하게 된다.

2023년은 오사카를 홈으로 하는 야구팀 한신 타이거즈가 18년 만에 도쿄의 요미우리 자이언츠를 상대로 일본 시리즈 우승을 한 해였다. 기쁨에 겨운 오사카 사람들은 신사이바시, 도톤보리의 난바 다리에서 웃통을 벗고 뛰어내렸다. 그 일대의 술집과 상점들은 반짝 세일에 들어가며 한신 타이거즈의 승리에 흥을 더했다. 그야말로 축제의 장이었다. 이때 한국대사관은 급히 관광객들에게 인파가 몰리는 곳을 주의하라는 안내 문자를 보내기도 했다.

손님들에게 가끔 "오사카가 좋은 거예요? 도쿄가 좋은 거예요?"라는 질문을 받는다. 이건 마치 "아빠가 좋아? 엄마가 좋아?"와 같은 질문이다.

어려운 질문이지만, 굳이 어느 쪽이 즐거운가를 선택한다고 한다면 나는 오사카를 포함한 간사이를 선택하겠다.

간사이는 일단 국물요리가 다시마를 기본 육수로 하기에 한국인의 입맛에 맞다. 간토는 '가츠오부시(가다랑어포)'를 이용한 육수를 사용한다. 같은 우동을 시켜도 간토의 국물은 커피를 탄 듯 진하다. 맛도 센 편이다. 또한 오사카의 상인들은 말이 빠르다. 장사로 성공한 지역인 만큼 사람들의 텐션이 높다. 도쿄 사람들은 다혈질에 말이 빠른 오사카 사람을 겁내기도 한다.

나는 일본 출장 때 오사카 지역을 선호하는 편이다. 코로나 이후에 일본의 식당들도 문을 많이 닫았다. 그래서 복귀 후 손님들을 모시고 가는 식당을 찾는 데도 애를 먹었다. 일본 내에서 가장 빠르게 가게를 재오픈하고 손님들을 받아준 곳이 바로 오사카다. 오사카는 한국인 사장님들이 운영하는 가게들도 많은데, 가격도 저렴하고 양도 푸짐하고 응대도 빨라서 좋다.

오사카의 전기제품들은 60헤르츠를 사용한다. 미국이나 우리나라와 동일하다. 도쿄의 전기제품들은 50헤르츠를 사용한다. 독일 스타일의 인프라를 구축한 탓이다. 요즘은 헤르츠 프리 제품이 많아서 문제는 없다. 헤어드라이어나 세탁기, 전자렌지 등 오사카의 제품을 도쿄에 가지고 가서 사용하면 조금 느려지기는 하지만 사용하는 데 문제는 없다. 하지만 도쿄의 제품을 오사카에 가지고 가서 사용한다면 과부하가 걸려서 화재가 날 수도 있다.

　나는 여기에서 재미있는 사실을 발견했다. 헤르츠는 진동수를 의미하는데, 오사카 사람들의 진동수가 더 높다는 것이다. 성공에는 성공의 진동수가 있다. 잘되는 사람은 뭘 해도 잘된다. 안되는 사람은 뭘 해도 안 된다. 진동수를 높이는 게 성공의 핵심이다. 조금 빠르게 행동하는 것, 목소리가 크고 인사도 대답도 활기차게 하는 것, 다 진동수를 높이는 것이다. 그래서 오사카에 가면 활기차고 자유로운 분위기를 느낄 수 있는 것이리라.

　물론 우리가 일본을 여행할 때 그 느낌들을 잘 모를 수 있다. 간사이든 간토든 똑같은 일본이라고 느껴질 것이다. 하지만 일본의 지역별로 비교를 해가며 다닐 수 있다면 더 큰 즐거움을 느낄 수 있다. 오사카 사람들에게 길을 물어보면 아마 내 손을 잡고 횡단보도나 우측, 좌측으로 꺾어지는 교차로까지 안내해줄 것이다. 만약 도쿄의 식당에 가서 조금 시끄럽게 친구들과 이야기한다면 찌뿌린 얼굴의 일본인들과 마주하게 될 수도 있다. 도쿄 사람들의 깐깐한 면모를 마주할 수도 있다. 그랬을 경우 기분 상하지 말고 도쿄의 지역색이라고 이해하며 넘어가는 아량을 발휘해보자.

　일본에서는 한국 말로 '당신의 고향은 어디입니까?'라는 질문이 '당신의 국가는 어디입니까?'라고 묻는 말로 쓰인다. 우리나라에서는 태어난 지역을 물어보는 말이 일본에서는 태어난 국가가 되는 것이다. 그만큼 일본은 오랜 시간 동안 봉건사회였다. 지역별로 성을 쌓고 가신(家臣)을 거느리고 싸웠던 시기가 무려 700년 이상이다. 일본 서민들은 평생 자신의 거주 지역을 떠나지 않고 살았다. 자신의 4킬로미터 반경 내가 삶의 터전이자 우주였다. 그래서 일본은 지역색이 우리나라보다 훨씬 강하다. 말투, 문화, 특산품 등이 같은 일본이라도 그 지역 내의 느낌이 각각 다르다. 간사이와 간토도 비슷하지만 다르다. 그래서 그 지역의 역사와 문화에 대한 이해를 바탕으로 방문해 비교해보는 것도 재미있다.

간사이는 "이럇샤이마세!"라고 하면서 활기차게 인사하는 일본인의 모습이라면, 간토는 무표정한 얼굴로 검은 양복을 차려 입고 기계적으로 출근하는 도쿄역의 일본인의 모습이다. 간사이 사람들은 장사를 해야 하니 사람을 많이 상대해야 한다. 그러다 보니 자연스럽게 활기차고 친절하고 분주하게 돌아가는 분위기다. 간토 사람들은 직장으로 출근해서 매뉴얼에 맞춰 냉정하고 꼼꼼해야 한다. 이 둘 다 일본인의 모습이라고 할 수 있다.

간사이가 일본의 심장이라면 간토는 일본의 뇌다. 심장은 뜨겁게, 뇌는 차갑게 살아야 하지 않겠는가. 일본은 작지만 큰 나라다. 각 지역의 특색이 잘 구분되어 있는 곳이다. 간사이와 간토 지역을 통해 지역의 특색과 일본인들의 성격까지도 비교해보는 재미를 맛볼 수 있다. 이 또한 일본 여행의 재미 중 하나가 아니겠는가?

진짜 일본을
만나는 시간, 나라

가짜가 판을 치는 세상이다. 많은 외국인들이 한국에 여행 와서 이태원을 찾는데, 거기 가면 진짜 같은 짝퉁 명품가방을 살 수 있다. 진짜 명품은 가격이 비싸다. 그래서 가격은 저렴하면서 진짜 명품가방을 들었을 때의 우월감과 허영심을 충족시키고자 짝퉁을 구매하는 것이다. 그렇다면 진짜와 가짜를 구분 짓는 것은 무엇일까?

일본의 쇼핑거리를 걷다 보면 종종 명품 편집샵들이 즐비하게 늘어선 것을 볼 수 있다. 브랜드도 다양하고 제품도 다양하다. 가방부터 시계까지 명품의 천국이다. 그런데 가격이 저렴하다. 그렇다고 비밀리에 운영하는 곳들이 아니라 정식 가게다. 바로, 중고 명품샵이다. 당신은 어떤 선택을 할 것인가? 가격이 저렴한 짝퉁 명품을 소비하겠는가? 아니면 진짜인데 다른 사람이 쓰던 사용감 있는 중고 명품을 소비하겠는가? 나 또한 고민에 빠질 것 같다. 나도 둘 다 구매해보았는데 굳이 만족도 면에서 따진다면 중고 명품이 더 나았다. 아마 진짜이기 때문일 것이다.

　우리가 아무리 화장을 잘한다고 해도 피부 자체가 싱그러운 여고생의 민낯보다 아름다울 수는 없을 것이다. 그 맨 얼굴이 진짜이기 때문이다. 우리가 아무리 온 몸을 명품으로 휘감는다고 해도 마더테레사보다 높아질 수는 없을 것이다. 보이지 않지만 그분의 영격을 이길 수는 없기 때문이다. 가짜는 결코 진짜를 이길 수 없다.

　진짜 일본을 만난다는 것은 어떤 의미일까? 일본의 인위적이지 않으면서도 자연스러운 형성과정을 볼 수 있어야 한다. 과장되고 부풀려진 역사가 아닌, 지금의 일본이 있기까지의 뿌리와 배경을 볼 수 있어야 한다. 일본의 민낯을 볼 수 있어야 한다. 663년 삼국시대 백촌강에서는 큰 전투가 있었다. 신라와 당나라의 연합군과 백제의 큰 전투였다. 이때 일본은 25,000명의 병력을 백제에 지원했다. 일본은 우리나라 고대사에 대한 콤플렉스가 있다. 또한 우리는 일본 근대사에 대한 콤플렉스가 있다. 일본은 백제를 '큰 나라'라고 하며 '쿠다라'라고 불렀다. 지금도 남아 있는 말 중에 '쿠다라나이'라는 말이 있다. '백제 물건이 아니면 쓸모없다'는 말인데 그만큼 백제에서 불교를 비롯한 선진문물을 많이 배워왔고 백제를 추앙했다는 말이리라. 안타깝게도 백제 연합군은 신라와 당나라 연합군에 대패하고 만다. 자신의 나라에서 권력과 땅을 잃은 백제인들은 그곳에 살 수 없었고, 그전부터 강력한 영향을 주었던 일본으로 건너가는데 대규모

난민의 대대적인 이주의 역사다.

유홍준 교수의 《나의 문화유산답사기》를 보면 대규모의 백제 이주민들은 일본으로 건너가서 걷고 또 걸었다고 한다. 그리고 자신의 고향과 가장 닮아 있는 곳에 정착하게 되는데 그곳이 바로 '아스카'라는 지역이다. 나는 개인적으로 아스카가 관광지로 개발되지 않는 게 못내 아쉽다. 물론 일본에서야 인정하고 싶지 않은 역사일 테니 아스카를 한낱 시골 동네로 남겨두려 했을 것이다. 하지만 우리 한국인들이라면 아스카를 한 번쯤은 방문해야 하지 않을까 싶다. 입으로만 맨날 아스카를 떠들곤 하지만 유명 관광지만 돌다 오는 것이 참 유감스럽기도 하다. 물론 우리가 일본 여행을 떠날 때, 공부하러 가는 것이 아니라 좋은 것을 보고, 먹고, 사고, 즐거움을 느끼는 것이 기본일 테지만, 우리나라와 일본이 원래는 가장 많이 교류했고, 서로 도움을 주고받았다는 것을 알고 일본을 바라본다면 일본이 달리 보일 수도 있을 것이다.

일본의 국가 기틀을 세운 것은 '나라 시대'라고 해도 과언이 아닐 것이다. 한반도가 통일신라 시대로 들어간 후 일본에서도 정식 국가가 나온 것이다. 일본의 국호와 일본의 역사 책인 《고사기》도 이때 나온 것이다. 일본이 한반도보다 역사가 한참 뒤늦게 출발한 것은 틀림없는 사실이다.

단재 신채호 선생은 이런 말씀을 하셨다. "역사를 잊은 민족에게 미래는 없다"라고 말이다. 짧은 역사도 어떻게든 길게 이어 붙이려는 일본이나 중국을 보면 있는 역사도 잘 보고 배우려 하지 않는 우리의 세태가 씁

쓸해지기도 하다. 종종 손님들은 나라 시대의 역사를 이야기하면 다시 초등학생이 된 느낌이라며 재미가 없다고들 한다. 신라와 백제 이야기를 꺼내면 다들 고요해진다. 모두를 잠재우는 데는 10분이면 충분하다. 하지만 우리나라 고대 역사가 일본에 강력한 영향을 주었고, 지금 일본 역사의 토대가 되었다는 사실은 부정할 수 없는 사실이다.

나라에 가면 '도다이지(東大寺)'라는 큰 절이 있다. 일본 역사에 존재감 있게 등장하는 쇼무 천황(聖武天皇)이 세운 절이다. 시작은 누구나 어설프기 마련이니 나라의 시작 또한 혼돈 그 자체였을 것이다. 그래서 성무천황은 민심을 수습하고 마음을 하나로 묶기 위해 큰 국가사업을 계획하게 된다. 국가사업을 하려면 무엇이 필요한가? 돈, 기술, 인력이 필요하지 않겠는가? 그래서 쇼무 천황은 교키(行基)스님을 찾아가게 된다.

일본 역사 책인 《고사기》를 보면 가장 많이 등장하는 인물이 교키스님이다. 나라역에는 교키스님의 동상도 세워져 있다. 《고사기》에는 "교키는 도래계라…"라고 기록되어 있는데, 한반도에서 선진문화를 가지고 섬나라에 들어온 사람들을 다 도래인이라 불렀다. 교키스님은 대승불교를 가르치며 민중 구제에 힘썼다. 서민들의 마을에 다리도 놓아주고 온천을 만들어 피부병으로 고통받는 이들을 치유하기도 했다. 교키스님의 인기는 하늘을 찌를 정도로 높아졌다. 그래서 쇼무 천황은 교키스님에게 찾아가서 "절을 지어야 하니 시주금을 조성해줄 수 있겠느냐?"라고 요청하게 된다. 일본에서는 '기부를 한다'는 말이 '절에서 뜯긴다'라는 표현으로 쓴다. 그만큼 절이 막대한 국가사업의 자금을 형성하는 역할을 톡톡히 한 것이다.

건축기술 책임자는 국중 마려라는 신라인 출신의 도래인이었다. 사람의 이름에 마로나 마려는 신라인 출신일 확률이 높다. 도다이지 건축은 일본의 인구가 500만 명이던 시절 300만 명 이상이 동원된 대규모 공사였다. 이러한 일본 역사의 시작을 도래인들이 도움을 준 것이다. 만약 이웃에 삼국이 있지 않았다면, 백제가 망하지 않았다면 일본의 역사는 훨씬 늦어졌을지도 모를 일이다.

아스카에서 나라까지는 버스로 40분 정도면 도착하는 거리에 있다. 우리나라 부여를 닮은 듯한 나지막한 산으로 둘러쌓인 나라는 일본의 보물 창고다. '죽기 전에 나라를 보고 죽으라'라는 말이 있을 정도로 박물관, 보물전이 그득한 곳이 바로 나라. 우리나라의 경주 불국사처럼 일본 학생들의 수학여행 필수 코스다.

나는 나라에서 가능하면 식사 예약을 하지 않는다. 대부분의 일본 학생들이 수학여행으로 많이 오는 곳인 만큼 대부분 식당들은 내 경험상 10년 넘게 한결같이 도시락을 뜻하는 '벤토 정식'을 준비해준다. 벤토 정식은 식어버린 튀김, 생선구이, 단무지, 고로케가 담겨 있다. 대량의 음식을 준비하니 기름도 빠져 있고 식어 있다. 이 반찬에 간장소스를 뿌려 미소시루와 함께 먹는 것이다. 사슴을 방목해서 키우는 지역인 나라인 만큼 사슴 똥 냄새에 후각과 미각을 잃어버린 게 아닐까 하는 생각도 해보았다. 오래된 보물과 유적만큼이나 과거에 머물면서 개선하지 않고, 변화하지 않는 나라 사람들의 고집스러움이 느껴진다.

일본으로 여행을 떠난다면 꼭 나라를 가봐야 한다. 일본을 만나러 갔지만 결국은 한국을 만나고 올지도 모른다. 진짜 일본의 민낯은 도래인의 영향이 가득 있었음을 발견하게 되리라. 실은 한국과 일본이 뿌리는 하나인 배다른 이복형제임을 발견할 수 있을 것이다.

동서양의 매력이 공존하는 곳, 고베

　신문사 인센티브 단체의 책임자분한테 하루는 전화가 걸려 왔다. 3일간의 일정으로 간사이 쪽을 관광할 예정인데 한국 출발 비행기가 오후이고, 오전 일찍 귀국하는 일정이었다. 실제로 귀국하는 날을 제외하고는 관광으로 허락된 시간은 하루 하고도 반나절 정도였다. 그래서 고베 일정을 빼고 싶다는 것이었는데, 전에 오사카, 교토, 고베를 관광했는데 고베가 구경할 만한 곳이 너무 없었다는 것이다. 고베 대신 나라에 위치한 세계문화유산인 호류지(法隆寺)를 방문하고 싶다는 말에 나는 잠시 뭐라고 답변해야 할지 고민했다. 정말 고베는 볼 것이 없는 곳일까? 종종 "고베는 볼 게 없어"라는 말을 듣는다. 정말일까? 결론부터 말하면 아니다. 그건 고베를 잘 모르고 하는 말이다.

　고베는 겉으로 보기에는 오사카와 큰 차이가 없어 보이기도 하다. 현대식 건물, 인공섬을 만들어 그 위에 조성된 공업단지, 오밀조밀한 거리의 모습은 크게 특색이라 할 만한 것이 없어 보이기도 한다. 많은 한국인들에게 '고베'라고 하면 '고베 대지진'이 떠올라 큰 지진이 발생했던 도시라고만 치부해버리기도 하는 것이다.

우리에게 이치로로 알려진 유명 야구 선수 스즈키 이치로(鈴木一朗) 선수는 고베를 가장 좋아했다. 오릭스 시절 자신의 추억이 많은 고베 경기장에서 연습하는 것을 즐기고는 했다. 실제로 고베는 야구 선수들이 많이 거주하는 지역이다. 메모리얼파크에 가면 고베 대지진 기념 자료관에 오릭스 선수들의 사인을 많이 볼 수 있다.

고베는 간사이 지역에서 가장 서구적이면서도 세련된 문화가 발달한 곳이다. 재즈, 마라톤, 커피, 골프 등등 말이다. 고베는 서양의 문화를 처음으로 받아들인 곳이기 때문이다. 관광 일정 중 고베에서 종종 자유식을 일정을 진행한다. 한 손님이 고베는 일본 소고기의 한 종류인 와규 중 고베규가 유명하다는 걸 들으신 모양이다. 그래서 일본에 오면 '일본 소고기인 와규를 꼭 먹어봐야지' 하는 생각에 부인과 함께 한 식당에 들어가셨다고 한다. 일인분에 2만 원 정도의 금액이었다고 한다. 그래서 "와규도 별것 없네. 이 정도면 먹을 만하네" 하면서 2인분을 주문하셨다고 한다. 150그램 정도의 고기가 몇 점 되지도 않았다고 하셨다. 그런데 손님들이 나오면서 계산한 금액은 44만 원이었다. 일인분에 한국 돈 2만 원이 아니라 일본 돈 2만 엔이었던 것이다!

나는 개인적으로는 와규를 좋아하지 않는다. 와규는 사료로 옥수수를 많이 먹여 지방간이 된 소를 말한다. 고기에 지방질이 많아서 이가 약한 일본인들이 씹기 편하고, 기름기가 많아서 풍미는 좋다. 대신에 가격이 비싸다. 대체 많은 사람들이 왜 이렇게 와규를 좋아하는 것일까? 일본은 1,000년 동안 고기를 먹지 않았다. 최초로 고기를 먹은 사람은 메이지 천황(明治天皇)이다. 메이지 천황은 서양 사람들을 처음 만났을 때 깜짝 놀랐다고 한다. 서양인은 체격도 크고 덩치도 좋았다. 그들이 무엇을 먹고 저렇게 건장한 체격 조건을 가졌는지 궁금해서 알아보라고 했고 그 대답이 "그들은 고기를 먹는답니다"였다. "그래? 그럼 우리도 고기를 먹자"라고 되었다고 한다. 처음에는 포크와 나이프로 썰어서 스테이크를 먹었는데, 음식을 먹던 천황이 포크로 입을 찔러 피를 철철 흘렸다고 한다. 그래서 일본인들은 "안 되겠다. 좋은 건 받아들이되 우리 스타일에 맞춰서 쓰자!"라고 생각했다. 일본인들은 식사를 할때 주로 젓가락을 이용한다. 우동을 먹을 때도 그릇을 손에 들고 젓가락을 이용해서 면을 입으로 쓸어 넣듯이 후루룩 소리를 내며 먹는다. 그래서 젓가락으로 고기를 살살 찢어서 먹을 수 있을 정도로 고기 요리를 부드럽게 만들었다. 일본의 햄버그스테이크는 유독 연하고 부드럽다. 밥 반찬으로도 아주 좋다고 할 수 있다. 나의 지인은 "오랜만에 일본에 가면 무엇이 가장 먹고 싶어?"라는 나의 질문에 "일본 편의점의 햄버그스테이크를 먹고 싶어"라고 했다. 일본 편의점의 햄버그스테이크도 꽤 맛있다.

일본의 정신을 이야기할 때 흔히 '사무라이 정신'을 많이 이야기한다. 사무라이들은 칼 두 자루를 차고 언제든 죽을 준비를 하고 다녔다. 수치스러운 것을 가장 싫어했기에 책임을 지거나 문제가 생겼을 경우 작은 칼로 복부를 찔렀다. 그것만으로도 너무 고통스럽기에 자신의 가장 친한 친구에게 목을 쳐달라고 맡기게 되는데 여기서 유래된 말이 바로 '절친'이라는 말이었다. 이 사실을 알게 된 오늘부터라도 절친이라는 말은 되도록 쓰지 말자. '단짝 친구'라고 하는 것이 더 좋은 표현이다.

칼 두 자루가 최고의 무기라고 믿었던 일본인들은 페리 제독의 증기선을 보고도 칼을 뽑아 들었을 것이 틀림없다. 그랬던 그들이 증기선에서 날아오는 대포를 보았을 때, 뽑았던 칼을 다시 떨구고 말았을 것이다. 대포와 칼이라니, 이건 게임이 되지 않는다는 사실을 어린아이도 알 수 있었을 것이다. 그때부터 일본은 악착같이 서양의 선진문화를 받아들이기 시작한다.

고베항은 오사카항보다 외국 선박이 정박하기가 쉬웠을 것이다. 관광 일정 중에 꼭 빠지지 않고 들르는 곳이 있는데 바로 하버랜드, 메리켄파크다. 예전에 메이지 천황의 별장이 있었던 곳이다. 하버랜드에 가면 해양박람공원, 고베 포토타워, 모자이크 등 파도와 돛대를 상징하는 아름다운 조형물들이 많다. 고베 바다가 아니라 지중해 바다에라도 와 있는 듯한 느낌을 주는 서양식의 화려한 호텔들도 있다. 고베 포토타워에서 프로포즈를 하고, 크루즈에서 선상 결혼식을 올리고 유럽 스타일의 5성급 호텔에서 피로연을 여는 것이다. 고베의 야경은 일본 3대 야경으로 불리기도 한다. 촘촘한 불빛들이 바다와 배를 비추는 야경을 모자이크의 2층 커피숍에서 함께 바라보고 있으면 썸 타는 남녀들도 쉽게 사랑에 빠질 것이다.

고베시 전체는 롯코산(六甲山)이 둘러싸고 있는데 옆으로 길게 도시가 형성되어 있다. 무역선이 정박하고 바로 앞에 월스트리트에 해당하는 산노미야역과 그 근처의 은행, 증권거래소, 차이나타운, 난킨마치까지 한곳에 밀집되어 있다. 그래서 거래와 이동이 쉽고, 서양의 선진문화와 외국인들이 쏟아져 들어오고 무역으로 인해 자연히 돈도 넘쳐났다.

고베는 지방 자치 1위의 도시다. 인구 220만 명에 공항과 항구를 다 가지고 있다. 고베 대지진 때 큰 피해가 있었지만, 오히려 지진의 아픔 속에서 생명의 소중함을 알았다. 그래서 친환경 도시며 지진 방재센터가 있는 곳이기도 하다.

고베의 절반을 먹여 살리는 것은 롯코산이다. 일명 '육갑산'이라고 불리는데, 우리나라에는 노래도 있는, 한 수 위의 '칠갑산'이 있다. 롯코산은 일본 최초의 케이블카가 설치된 곳이기도 하다. 케이블카를 설치하며 파낸 흙으로 바다를 메꾸어서 거대한 인공섬을 띄웠다. 바로 롯코 아일랜드와 포토 아일랜드다. 일본은 롯코산을 배경으로 옆으로 길고 바다에서 육지까지 폭이 좁은 지형이다. 그래서 인공섬 위에 학교와 공장 등을 지어서 부족한 땅을 대체하고 있다. 그것이 고베의 개성이자 매력이 되었다. 롯코산은 깨끗한 물이 넘치기로도 유명하다. 케이블카를 타고 올라가다 보면 여기저기서 흘러넘치는 물에 감탄한다. 그 물을 이용한 일본의 유명 사케 공장인 키쿠마사무네, 흥복주 등 술 공장의 본사들이 즐비하다. '고베는 술술술 넘어가는 곳이다'라고 말하기에 충분하다.

오사카항이 보이는 해양관에서 고가 고속도로인 한신 고속도로를 타고 고베로 향하다 보면 아름다운 굴뚝이 보인다. 만화 〈요술공주 밍키〉에 나오는 밍키의 요술봉을 세워놓은 느낌이다. 건물 벽면은 타일을 붙인 것처럼 아름답고 일본에서는 좀처럼 보기 어려운 원색의 알록달록한 건물인데, 바로 쓰레기 처리장이다. 친환경 도시를 위한 '100퍼센트 유해한 물질을 제거한 완전연소 쓰레기 처리장'이다.

박찬욱 감독의 영화 〈아가씨〉에서 배경이 되는 갑부의 집이 있다. 서양풍과 일본풍을 함께 접목한 집인데 일명 '화양풍'이라고 한다. 유럽 스타일의 저택과 나무로 지어진 일본풍의 목조 가옥이 일본의 문화를 보여주는 듯해서 인상 깊었다.

고베는 재즈의 본고장이고 마라톤이 처음 들어온 곳이며 일본 최초의 골프장이 있다. 외국인들이 모여 살았던 특별자치구가 있었고 스테이크가 발달했다. 그래서 치즈, 푸딩, 초콜릿 등 달콤한 디저트가 발달하기도 했다.

이진칸 거리(異人館街)에 가면 마치 유럽을 방문한 기분이다. 일본 내 스타벅스 1호점에 들러보라. 이진칸 아래 대로변에는 일본 최초의 커피숍인 니시무라 커피숍이 있다. 예전 고종황제는 시고 쓴 가배(珈琲, 커피의 음역어)를 좋아하셨다. 일본은 아직도 커피를 가배(珈琲)라고 표기한다. 이진칸의 니시무라 커피숍에 가면 일본에 처음 들어온 커피를 맛볼 수 있다.

이렇게 동서양의 매력이 공존하는 고베를 아직도 볼 것 없는 곳이라고 말할 것인가. 아는 만큼 보이고, 보이는 만큼 즐길 수 있다고 했다. 고베의 역사와 의미를 제대로 알면 고베가 사랑스러워 보일 것이다. 롯코산이 병풍으로 둘러싸여 있는 인공섬의 도시이자 세련된 서양문화와 일본문화가 공존하는 고베를 말이다. 간사이의 멋쟁이들은 지금도 고베에 살고 있다.

일상의 매력이 넘치는
오사카 텐진바시

　L군과 P양은 30대 초반의 커플이었다. 공항에서 첫 미팅을 할 때부터 뭔가 느낌이 이상했다. 30대라면 아직 싱싱한 활력이 넘치는 나이이다. 그런데 그들은 가을의 낙엽 마냥 떨어지기 일보 직전의 푸석하고 생기 없는 느낌이었다. 첫 만남 때 "일본에서 병원에 갈 수 있나요?"라고 물어서 나는 가슴이 철렁했다.

　L군은 유도선수 출신이었다. 체격도 우람하고 키도 컸다. 힘도 좋고 누구보다 건강했던 사람이었다. 그런데 신장에 이상이 생기더니 심장까지 무리가 왔다. 그런데 일본 여행, 그중에서 오사카를 너무 여행하고 싶었다. 북적대는 오사카 거리를 걸으며 이자카야에서 사케도 한잔하고 싶고 야키니꾸도 먹고 싶었다. 그런데 여행 직전 몸 상태가 급격히 나빠졌다. 온전하지 않은 몸 상태에도 불구하고, 너무 여행을 하고 싶은 나머지

자신의 몸 상태를 여자친구에게 비밀로 하고 여행을 떠났다. 그들의 첫 해외여행이었다.

간사이 공항은 넓고 복잡하다. 봉황이 날개를 펼치고 앉아 있는 구조로 공항이 옆으로 길게 늘어져 있다. 비행기에서 내리면 입국장까지 모노레일 셔틀을 타고 이동해야 한다. 그래서 손님과의 미팅을 주로 짐 찾는 곳에서 한다. 전날에 잠도 제대로 못 자고 새벽에 공항에 도착해서 출발 비행기를 타고 일본에 도착하는 순간 대부분 손님들은 이미 파김치가 된다.

나는 짐 찾는 곳에서 L군과 P양을 기다렸다. 함께 오신 다른 손님들이 모두 입국 심사를 마친 후에도 이들은 나오지 않았다. 이상한 느낌에 나는 P양에게 전화를 걸었다. 전화를 받은 P양은 울먹이며 겁에 질린 목소리였다. 함께 온 L군이 비행기에서 내리자마자 갑자기 쓰러졌다는 것이었다. 컨디션이 좋지 않은 상태에서 짧지 않은 시간 좁은 공간의 비행기를 탄 것이 원인인 듯했다. 다리에 힘이 풀리고 걸을 수 없었던 그는 공항 직원의 도움을 받아야 했다. 다행히 의식은 있어서 휠체어를 빌려 탈 수 있었다.

그 커플은 관광 일정에 참여할 수 없었다. 공항에서 호텔까지는 50분 정도 거리다. 택시비는 2,7000엔 정도 나온다. 우리나라 돈으로 환산하면 27만 원 정도다. 첫날부터 여행 경비 절반에 해당하는 비용을 택시비로 쓰며 그들은 호텔로 돌아갈 수밖에 없었다.

나 또한 마음이 좋지 않았다. 응급상황이라도 생기면 어떻게 해야 하는지 걱정스러운 마음에 관광 일정에 집중이 되지 않았다. 함께 여행 온

다른 분들을 위해서 안내 멘트를 하는 순간에도 한쪽 마음은 무겁고 불편했다. 일본은 의료비가 비싼 곳이라 응급실에 가서 간단한 조치만 받아도 2~3만 엔 정도의 비용이 든다. 게다가 오가며 쓰는 택시비는 말할 것도 없고 수속을 해야 하나 말이 통하지 않으니 현지 가이드도 불러야 한다면 한순간에 100만 원은 족히 들 수 있다.

나는 일정을 마치고 호텔에 들어오자마자 P양부터 찾았다. P양을 로비에서 본 순간 나는 안도의 한숨을 쉴 수 있었다. 그녀의 얼굴에 혈색이 돌아와 있었기 때문이다. 다행이었던 건 우리가 묵었던 호텔이 텐진바시(天神橋) 상점가 근처였다. 그들은 호텔에서 휠체어를 빌려서 텐진바시를 거닐었다고 했다. 너무 길어서 다 돌지는 못했지만, 아케이드 상가의 쇼핑가를 구경하며 라멘도 먹고 쇼핑도 하며 나름 즐겁게 시간을 보냈다고 했다. 나는 텐진바시 가까운 곳에 숙박할 수 있었음에 감사했다.

텐진바시는 일본에서 가장 긴 아케이드 상점가다. 천장이 돔 형식으로 되어 있어서 비가 와도 눈이 와도 괜찮다. 1초메에서 7초메까지로 길이가 총 2.6킬로미터에 달한다. 원래는 신바시라고 불렸다. 오사카 텐만구(天満宮)의 영향을 받아 텐진바시라고 이름 지어졌다고 추정한다. 일단은 굉장히 길다 보니 나는 한번도 끝에서 끝까지 가보지 못했다. 큰마음을 먹고 걸어보지만 중간에 지쳐서 결국은 되돌아오고 만다.

오사카 텐만구는 스가와라 미치자네(菅原道真)를 학문의 신으로 모시는 곳이다. 고매한 인품으로 추앙받았던 스가와라 미치자네는 죽음 이후 텐진이라고 불리는 신이 되었다. 일본 전국에 1,200개의 텐만구가 있다. 매년 7월에 오사카 3대 축제인 텐진 마츠리가 열리면 각지에서 수십만 명의 관광객이 몰리고 텐진 강에 배를 띄우고 불꽃을 쏘아 올리는 축제의 장이다.

텐진바시는 가장 서민적인 오사카의 매력을 느낄 수 있는 곳 중 하나다. 그래서 대부분의 상점가 사람들은 눈에 불을 켜고 '손님을 많이 끌어 모으고 장사를 해야지' 하는 그런 야심찬 활기보다는 '오늘도 가게를 열고 단골손님들과 대화나 나눠야지' 하는 그런 느릿한 여유가 느껴지는 곳이다. 상점들도 정말 다양하다. 헌책방, 중고 가구 수리점, 핸드폰 가게, 소규모 마트, 스모킹 카페, 동네 카페, 도시락 가게, 이발소, 동물병원, 스시집, 우동집, 쿠시야키집, 고로케집, 라멘집, 이자카야, 신발가게, 옷가게, 꽃가게, 목욕탕 등등 정말 없는 가게가 없다. 그러나 이런 텐진바시에는 유명한 브랜드 매장이나 대형 할인매장이 많지 않다. 마치 친한 동네 주민들을 상대로 벼룩시장을 열 듯이 가게의 규모도 작고 소소한 품목들을 저렴한 가격에 파는 가게들이 대부분이다. 그래서 서로 손님을 불러모으는 호객 행위도 거의 없다. 그래서 하루를 열심히 일한 후, 조용하면서도 여유롭게 이자카야에서 한잔을 하고 싶다면, 텐진바시 만한 곳은 없다. 저렴하면서도 다양한 안주의 야간 주점들이 즐비하다.

텐진바시 거리에도 물론 인기 스타들이 있다. 미슐랭의 별을 받은 최고로 맛있는 소바집으로 불리는 '소바 타카마', 최고의 고기맛을 자랑하는 '만료', 최고의 인기 스시집인 '하루코마', 파리에서 온 것 같은 '파티스리 라뷔루리에' 등 여행 안내책자에 실려 있을 정도의 맛집들도 많다. 나는 개인적으로는 밥집, 술집보다는 카페에서 멍을 때리는 것을 선호하는 편이다. 텐진바시에 가면 '요사이칸'이라는 카페가 있다. 일본의 카페 랭킹 3위에 올라 있는 영국식 카페다. 도자기 찻잔에 3단으로 구성된 디저트를 먹으며 영국 카페의 분위기를 즐길 수 있다. 가격이 저렴한 편은 아니지만 테이블, 가게 인테리어, 화장실 장식장까지도 엔틱하고 고급스러워서 100년의 역사를 즐기며 디저트도 맛보는 행복감을 주는 곳이다.

이런 텐진바시가 우리가 묵는 호텔 옆에 있었다. 하루 자유 일정으로 여행을 떠나온다면 관광을 위해 굳이 멀리 나갈 필요가 없다. 온종일 텐진바시를 거닐며, 모닝 커피를 마실 카페를 골라보고, 담배를 태운다면 흡연카페를 이용하면 된다. 그 후, 소바집에 오픈런을 해서 맛있게 소바를 먹고, 텐만구에 가서 힘든 기억들은 텐신에게 다 맡기고 좋은 기운을 보충해서 나와보자. 그다음에는 상가를 슬슬 걸어서 주택 박물관을 구경하라. 그 후, 세이요칸 카페에 가서 케이크와 홍차로 나른한 오후 시간을 달래준다. 그리고 슬슬 다시 걸어서 '나니와노유'라는 목욕탕으로 향해서 온천을 하자. 시원하게 온천을 마친 후 이자카야에서 시원한 맥주에 간단한 안주 삼아 저녁을 먹고 한잔을 한 뒤 호텔로 돌아오면 어떨까? 나는 보통 2일 차 자유 일정이 포함된 상품으로 관광을 오신 손님에게 이 일정을 권해드린다. 오사카는 3일의 관광 일정 중에 2일째 하루를 자유 일정으로 넣는 경우가 많다. 종종 손님들은 이 귀한 하루를 제대로 쓰기 위해 아침 6시부터 밤 늦게까지 빡빡한 일정을 계획하고 여기저기 많이 보고 여행하기를 원하다. 필시 저녁 무렵이 되면 몸과 마음은 지쳐버릴 것이다. 혹시 힘든 일정을 소화하느라 피곤한 상태에서 함께 여행을 온 동반자에게 짜증을 낼 수도 있다. 사소한 말 한마디로 싸움이 생기기도 한다. 체력이 고갈된 채로 비싼 비용을 감수하며 택시를 타고 호텔로 귀가하기도 한다. 여행의 독소란 이럴 때 쌓이는 것이다.

우리는 종종 소소한 일상의 소중함을 잊곤 한다. 대부분 여행을 떠나오는 이유 또한 마찬가지다. 판에 박힌 일상을 탈출해서 뭔가 새롭고 특별한 게 없을까 기대하며 여행을 떠난다. 하지만 낯선 곳으로 여행을 떠나보면, 결국에는 나의 소소한 일상으로 돌아가고 싶어지기 마련이다. 소소한 일상이 실은 가장 소중한 행복임을 깨닫는다. 건강할 때는 건강의 소중함을 모른다. 나 또한 손님들이 건강하게 함께 여행하는 것이 당연하다고 생각했다. 하지만 이 세상에 당연한 것은 없다. 누리는 모든 것들은 감사해야 할 일인 것이다. 일본인들의 소소한 일상이 우리에게는 신선한 경험일 수 있다. 그리고 기억해낼 것이다. 우리의 매일매일의 삶이 실은 가장 행복한 여행임을 말이다. 우리는 이 지구별에 소풍을 와 있는 행복한 여행자다.

오사카를 상징하는 다리,
도톤보리

　오사카는 물의 도시다. 내가 손님들께 안내하는 단골 멘트가 있는데, 오사카는 다리가 800개, 교토는 절이 800개, 도쿄는 마을이 800개라고 말이다. "오사카는 먹다 죽는다. 교토는 보다 죽는다. 도쿄는 사다 죽는다"고 말이다. 그렇게 일본의 대표적인 세 도시를 비교해드리곤 하는데, 논리적 근거가 다소 미약해도 손님들은 납득이 간다며 고개를 끄덕여주신다. 감사하게도 무슨 말인지 알아듣겠다고 말씀해주시곤 한다.

　오사카의 상징은 뭐니 뭐니 해도 오사카성이다. 지금의 나고야 서쪽 지역인 오와리(尾張) 출신이었던 도요토미 히데요시(豊臣秀吉)가 축성했다. 도요토미는 신분이 천하고 가난했다. 처음에 그는 바늘장사를 했는데, 몸에 지니고 다니기가 쉽고 가볍기 때문이었다. 그러다 오다 노부나가(織田信長)의 신발 관리사로 들어간다. 밤새 오다 노부나가의 신발을 가슴에 품어 따뜻하게 데워 아침에 출정하는 오다 노부나가의 앞에 내밀었다고 한다. 많이 알려진 유명한 이야기다. 오다는 도요토미에게 물었다. "이 신발을 어떻게 한 것이냐?" 그러자 도요토미는 머뭇대지 않고, "제가 주군을 위해 밤새 가슴에 품었습니다"라고 당당히 말했다. 자신을 잘 드러내는 점이 도요토미가 출세한 이유라고 이야기되는 부분이다.

나는 도요토미가 가장 낮은 위치에서 최고의 권력자의 위치에까지 오른 이유는 자신을 드러내고 표현하는 데 능했기 때문이라고 생각한다. 키가 작고 못생겨서 원숭이라는 별명을 가졌던 도요토미였지만, 그는 전투에 나갈 때 얼굴에 기름을 듬뿍 발랐다. 화려한 투구와 번쩍이는 장신구로 치장한 갑옷을 좋아했다. 오사카성 천수각에 들어가면 도요토미가 좋아했던 차를 마시는 다실이 전시되어 있는데 온통 금박이다. 도요토미는 눈이 부실 정도의 화려한 다실을 통째로 들고 다니며 다도를 열었다.

오다의 눈에 든 도요토미는 '아시가루'라는 보병으로 전투에 참가하게 된다. 아시가루는 전투행렬의 맨 앞에서 창을 들고 맨발로 뛰어가 적군을 찌르고 잽싸게 도망쳐야 하는 가장 낮은 계급의 전투원이다. 그런 천한 신분의 도요토미와 네네는 결혼했다. 신분이 낮고 보잘 것 없는 도요토미를 네네의 어머니는 심하게 반대했다고 한다. 하지만 어머니의 반대를 무릅쓰고 결혼했고 도요토미는 승승장구해 최고의 위치에 올랐다.

신분에 대한 콤플렉스가 심했던 도요토미는 일곱 명의 부인을 두게 되는데 모두 다 신분이 높은 여자들이었다. 지략이 뛰어나고 강한 운을 가진 도요토미였지만 안타깝게도 자식 복이 많지 않았다. 쉰이 넘어 겨우

아들 하나를 얻게 되는데, 그 아이의 이름이 도요토미 히데요리(豊臣秀頼)다. 눈에 넣어도 아프지 않은 자식이지만 결국은 히데요리가 어릴 때 도요토미는 죽고 만다. 임진왜란을 일으켰으나 이순신 장군에 의해 패배하게 된 히데요리는 화병으로 위에 탈이 난다. 그 위염이 위암이 되어 교토의 후시미성(伏見城)에서 숨을 거둔다. 그 후 라이벌이었던 도쿠가와 이에야스(德川家康)에게 오사카 천수각이 함락되고 불타는 오사카성을 바라보며 히데요리와 그의 어머니 요도기미는 자결로 생을 마감한다.

우리는 성공하면 무엇을 하고 싶은가? 바로 좋은 집을 짓고 떵떵거리며 살고 싶지 않은가? 내가 이만큼 성공했다는 것을 보여주고 싶은 것이 인간의 당연한 욕망이지 않겠는가? 그래서 도요토미는 자신의 성공을 드러내고자 큰 성을 쌓게 된다. 그것이 지금의 오사카성이다. 물론 화재와 폭격을 당해 지금의 오사카성은 오사카시에서 복원한 것이지만, 여전히 오사카의 상징이 될 만큼 의미와 가치를 지닌 곳이다.

야스이 도톤(安井道頓)은 오사카성을 지을 때 해자(성벽 주변에 인공으로 땅을 파서 고랑을 내거나 자연 하천을 이용해 적의 접근을 막는 성곽시설을 말한다)를 파던 담당 기술자였다. 축성 기술에 가장 관심이 많았던 이는 도요토미였다. 유럽까지 사람을 보내 성 쌓는 기술을 배워오게 했다고 한다. 유럽의 성들은 파도가 치는 절벽 위에 성을 쌓는다. 오사카성은 처음 축성되었을 당시에는 3중의 해자로 둘러쳐진 누구도 함락시키기 어려운 철옹성이었다.

오사카성을 축성한 야스이 토톤은 성 밑에 살면서 성으로 출퇴근하는 사람들을 위한 마을 조성을 위해 수로의 필요성을 느낀다. 지금의 도톤보리는 야스이 토톤이라는 사람의 이름을 빌린 것이다. 하지만 담당자인 야스이 토톤은 전투에서 사망하고 결국은 그 사촌이 수로의 공사를 마무리하게 된다. 도톤보리는 총 2.6킬로미터로 가장 깊은 곳은 105미터의 오사카 바다까지도 연결되는 인공 수로다.

오사카에서 가장 많이 보이는 지명이 '바시(橋)'인데 다리라는 뜻이다. 그래서 '쿠다라바시', '시라기바시', '코쿠리바시', '니혼바시', '난바바시', '에비스바시' 등 무수한 다리의 이름이 사용되는 것이다. 특히 오사카에서 관광 일정 중에 빼놓지 않고 들르는 곳이 바로 도톤보리와 신사이바시다. 도톤보리 입구에는 유명 대게 요리집인 '가니도라쿠(かに道楽)'의 대형 꽃게 간판이 눈길을 사로 잡는다. 가로 8미터의 꽃게 다리 10개가 위아래로 왔다갔다 움직이는 대형 간판이다. 일본의 경기가 호황이던 1980년대, 어디를 가나 돈이 넘치던 시기에 도톤보리도 예외는 아니었다. 개성과 매력을 뽐내는 초대형 간판들이 도톤보리를 오사카의 가장 화려한 번화가로 만들었다. 이 도톤보리의 입구는 첫 번째 꽃게 간판에서 시작한다. 신사이바시 방향으로 걷기 시작해서 이윽고 두 번째, 세 번째 꽃게 간판을 찾는 재미로 걸으면 된다. 번쩍이는 간판들에 홀려 걷다 보면 두 번째 꽃게 간판이 나온다. 두 번째 간판의 왼쪽이 '텐니치바시'다. 도톤보리에서 처음 시작한 가마쿠라 라멘을 맛볼 수 있는 라멘 거리다. 오른쪽으로는 도톤보리에서 처음 만든 타코야키를 먹기 위해 길게 줄 서 있는 인파를

헤치며 직진하다 보면 '먹다 죽는다'는 '쿠이타오레' 삐에로 인형이 북을 치고 있다. 드디어 세 번째 꽃게 간판이 나온다. 게를 굽는 냄새가 코를 찌르고 번쩍이는 네온사인들 사이에서 정신을 차려야 한다. 세 번째 꽃게 간판과 사람들이 좋아하는 스타벅스가 마주하고 있는 게 보인다. 그 오른쪽의 신사이바시 왼쪽으로는 에비스바시의 아케이드 쇼핑가가 끝없이 펼쳐진다.

도톤보리의 신사이바시는 오사카의 매력과 오사카의 힘을 가장 잘 느낄 수 있는 곳이다. 일본의 심장이 박동하는 듯한 화려한 상점가와 그 많은 가게들이 앞다투어 호객한다. 소심하고 세심한 일본인들은 사라지고 적극적이고 열정 가득한 일본인들이 가득하다. 도톤보리는 절반 이상이 외국인들이라 다들 눈부시고 화려한 도톤보리의 밤거리를 설렘 가득한 표정으로 걷고 있다.

난바 다리 앞에는 일명 '글리코상'으로 불리는 마라톤 선수 모습의 대형 간판이 있다. 여기가 바로 오사카의 타임스퀘어 광장이라고 할 수 있다. 한쪽 다리를 들고 두 팔을 벌리고 있는 글리코상은 오사카에서 시작된 과자 브랜드다. 과자를 건강하게 만들어 이 과자를 먹고 마라톤을 뛸 수 있을 정도로 건강하다라는 의미라고 한다. 지금은 4대째 모델인데 여전히 오사카의 도톤보리를 대표하는 인기 스타다.

난바 다리는 현지 일본인에게는 유혹의 다리로 불린다. 도톤보리에서 올라오는 인파와 좌우로 신사이바시와 에비스바시로 연결되는 교차로이다 보니 엄청난 인파가 맞물린다. 그래서 수많은 이들이 마주치며 마음에 드는 상대에게 말을 걸어보기도 하고 혹시 거절을 당한다면 가던 길로 사라지면 된다. 일본어로 '난파사레루'라는 말은 '유혹당하다, 작업을 당하다'라는 말인데, 일본 여성들은 난바 다리에서 '난파'를 당했냐, 안 당했냐 하는 말로 오늘의 컨디션에 대해 농담조로 이야기하기도 한다.

오사카 여행을 오는 손님들 중 대다수가 자녀들이 오사카에 가고 싶어해서라고 이야기하곤 한다. 그 이유는 바로 '유니버설 스튜디오 재팬'이라는 테마파크가 있기 때문이다. 2021년 슈퍼 닌텐도 테마가 개장하며 최근 가장 인기 있는 관광지로 오사카가 손꼽히게 되었다. 전부는 아니겠지만 다녀오신 손님들은 테마파크보다 도톤보리 신사이바시에서 구경하는 게 훨씬 재미있었다라고 이야기하시곤 한다.

도톤보리는 타코야끼, 가마쿠라 라멘, 초밥의 원조인 겐로쿠 초밥, 오무라이스의 발상지다. 도톤보리에서 첫 가게를 열어 성공한 후 전국 체인으로 뻗어 나간 가게들이 많다. 우리나라 김밥천국에 해당하는 덮밥은 400엔 대에 먹을 수 있는 '마츠야'부터 한 끼 코스 요리에 우리나라 돈 10만 원 정도인 게요리 전문점도 있고, 리버크루즈를 타고 도톤보리의 야경을 감상할 수도 있고, 수많은 오사카의 젊은이들을 볼 수도 있고 공연과 버스킹을 하는 젊은 예술가들도 볼 수 있다. 도톤보리는 쉴 새 없이 뛰고 있는 명실공히 오사카의 심장이다. 그래서 사람들은 도톤보리에 열광하는 것이리라.

먹고 싶다, 보고싶다, 사고 싶다

오사카, 나라, 교토를 중심으로 하는 간사이 여행은 가을의 단풍철이 제맛이다. 가을은 봄, 여름 내내 땀 흘리며 키운 열매를 거두는 풍요의 계절이다. 봄철에 파릇파릇 올라오는 푸른 새싹이 여름철에 진한 녹색으로 물들었다가 드디어 가을이 되면 울긋불긋 다양한 색으로 변신한다. 가을에는 단풍을 볼 수 있으니 아름답지 않겠는가? 대신 우리나라처럼 봄, 여름, 가을, 겨울이 뚜렷하지 않은 일본은 단풍의 색이 좀 더 은은하게 물드는 편이다. 그리고 단풍잎의 크기도 비교적 작은 편이다. 그래서 일본의 무채색의 목재 가옥들과 좀 더 조화가 되는 것은 아닐까 하는 생각도 해 보았다.

가을 단풍철의 오사카 투어는 정말 인산인해다. 어딜 가든 사람이 넘쳐난다. 그 좋은 시기에는 당연히 모시고 오는 손님의 인원도 많을 수밖에 없다. 이번 출장에도 38명의 손님들을 모시고 오사카로 출장을 왔는데, 손님 중에 혼자 오신 남자분이 계셨다. 그분은 청각 장애인이셨다. 보호자도 동반하지 않고 혼자 오셨기에 당연히 나는 바짝 긴장할 수밖에 없었다. 안 그래도 정신이 없고 복잡한 오사카이기 때문이다.

오사카는 주차시설이 좋지 못하다. 화장실도 많지 않고 대로변에 장시간 정차할 수도 없다. 그래서 화장실이 보인다면 꼭 들러야 한다고 손님들에게 강조한다. 여자 화장실은 늘상 줄을 길게 서서 기다려야만 한다. 가을철의 오사카 투어는 일본인 기사분도 고생한다. 그분들은 운전석에서 벗어나기가 어렵다. 주차장이 없으니 어딘가에서 대기하다가 정해진 시간에 손님을 태우러 와야 하기 때문이다. 화장실도 식사도 자유롭지 못하다. 그런 오사카를 청각 장애인 손님을 모시고 관광 일정을 진행한다는 게 큰 부담일 수밖에 없었다. 게다가 볼거리, 먹을거리, 살거리가 넘쳐나는 오사카는 자칫 방심하다 일행을 놓칠 수도 있고 길을 잃어버리기도 쉽기 때문이다.

집합 시간에 자꾸 지각하는 여자 손님 두 분이 계셨다. 한 번은 화장실 줄을 서다, 한 번은 계산대에서 줄을 서다 늦으셨다고 했다. 시간이 조금이라도 늦어지면 기사분은 인상을 구기니 나의 모든 신경은 그 두 여자분에게 쏠릴 수밖에 없었다. 두 분, 세 분으로 구성된 손님이 많이 오셨기에 나는 관광지에서 출발할 때마다 인원수를 세는 데 애를 먹었다. 인원수를 잘 세야 한다. 첫날이 고비다. 첫날은 피곤하기도 하고, 정신도 없다. 손님들도 나도 첫날은 서로 적응하는 시간이다.

첫날의 마지막 일정이 신사이바시, 도톤보리였다. 차는 항상 니혼바시에서 손님들을 내려주고 관광을 마친 손님들이 다 모이면 약속된 시간에 탑승한 후 바로 출발해야 한다. 그렇지 않으면 경비원들이 호루라기를 불며 쫓아내곤 한다. 나의 모든 신경은 항상 늦는 두 분에게 쏠려 있었다. 모든 분이 차를 탔고 다행히 두 여자분도 제시간에 맞추어 오고 계셨다. 나는 두 여자분의 탑승과 동시에 기사분에게 출발을 지시했다.

도톤보리에서 호텔까지는 40분 정도의 거리였다. 호텔은 시내에서 약간 벗어난 외곽 지역에 위치하고 있었다. 나는 첫날 일정이 마무리되는 것에 안도하며 한참을 달려 호텔에 도착해서 손님들에게 호텔에 대한 정보를 알려드리고 룸의 키를 나눠드렸다. 그리고 돌아서려는데 키가 하나가 남는 것이 아닌가? 나는 손님들에게 다시 키를 잘 받았는지 확인했다. 그런데, 아뿔싸! 그때서야 나는 알아차린 것이다. 혼자 오신 남자분을 두고 왔던 것이다. 한 손님이 아까 혼자 오신 남자분이 중간에 가신 게 아니냐며 버스에는 타지 않았다고 했다. 맙소사! 하늘이 무너지는 순간이었다.

혼자 오신 그 남자분은 청각 장애인이셨다. 글로 써서 안내해드리면 잘 알아들으시고 매너도 좋으셨다. 해외여행도 처음이 아니셨고 관광 일정 내내 한 번도 늦지 않으셨던 그분을 나는 어느 순간부터 크게 신경 쓰지 않고 있었던 것이었다. 이를 어떻게 해야 하는가? 전화로 통화하기도 어렵다. 그리고 문자도 되지 않는다. 나는 그때 한국 핸드폰, 일본 핸드폰 두 대를 가지고 있었던 때였다. 두려움과 자책감이 밀려왔다.

무엇보다 낯선 관광지에서 잘 들리지도 않는 두려움 속에서 혼자 남겨졌을 그분의 서러움을 생각하니 너무 미안한 마음이 들었다. 하늘이 도와주셨는지 손님은 한국 대리점과 정보를 주고받아서 택시를 타고 호텔로 들어오셨다. 나는 대신 택시비를 지불하고, 무사히 도착해주신 손님을 안아드렸다. 그리고 다음 날 손편지와 함께 화과자를 선물로 드렸다. 나 또한 15만 원의 거금을 지출했지만 그보다 손님을 두고 왔다는 미안한 마음이 더 컸다.

관광은 손님과 가이드가 함께 연합하며 진행되는 행사다. 손님들도 손님으로서 지켜줘야 하는 수칙들이 있다. 안전에 대한 수칙, 단체 행사에 참가하는 규칙과 매너가 있다. 요즘은 손님들께 안전수칙에 대한 내용 확인 사인을 받고 있다. 다양한 사건과 사고가 많이 발생하기 때문이다. 나는 그 당시만 해도 경력이 많지 않았다. 대리점에서는 역시 전화가 걸려왔다. 어떻게 손님을 두고 올 수 있느냐고 말이다. 내가 손님을 정말 두고 싶어 두고 왔겠는가? 청각 장애가 있는 손님을 보호자도 없이 보낸 건 잘한 건지 대리점에 따져 묻고 싶었다. 가이드가 특별한 한두 사람을 집중케어할 수 있는 보호자는 아니지 않는가?

그 후 나는 그 손님을 남은 일정 동안 특별히 케어했다. 식사 때마다 무엇이 필요한지 미리 확인해서 식당에 요청했고, 애정을 듬뿍 쏟았다. 하지만 마음 한 편에는 불편한 기분이 늘 따라다녔다. 아니나 다를까 일정을 마치고 한국에 돌아왔는데 그 손님의 누나 되는 분이 전화를 하셨다. 무슨 보상을 바라고 나에게 전화하신 건 아니었을 것이다. 그냥 속상하셨으리라. 아픈 손가락인 자신의 동생이 해외여행을 갔는데 홀로 버려졌다고 생각하신 게 아니겠는가? 직접 보지 않았기 때문에 오해하고 상황을 더 부정적으로 몰고가는 것이 당연지사다. 함께 오셨다면 충분히 납득하고 이해해주셨으리라고 생각한다.

오사카는 일 년 내내 먹고 싶고, 보고 싶고, 사고 싶은 것들이 넘치는 곳이다. 인간의 소비 욕망을 가장 자극하는 곳이기도 하다. 샤브샤브, 아사히 맥주, 인스턴트 라면, 타코야키, 오코노미야키, 쿠시야키, 오무라이스의 발상지다. 일본의 먹거리는 오사카에서 시작했다고 보면 된다. 볼 만한 곳도 많다. 오사카에서 한 시간만 가면 세계유산에 등록된 천 년의 고도인 교토, 오래된 목조건물인 나라의 도다이지와 사슴공원, 역사 유적지도 넘쳐난다. 오사카성의 벚꽃, 가을 아라시야마(嵐山)의 단풍의 아름다움은 말할 것도 없다. 뿐만 아니라 일본의 유명 건축가인 안도 타타오(安藤忠雄)의 아뜰리에도 있다. 아베노 하루카스 전망대, 우메다의 공중정원 일대는 오사카가 얼마나 멋진 빌딩들이 많은지를 실감케 한다. 오사카는 낮이든 밤이든 사람들로 북적이고 화려한 조명들로 넘실대는 곳이다.

오사카는 쇼핑의 천국이다. 유럽 명품거리가 있다면 오사카 신사이바시의 단풍나무 가로수 길로 아름다운 샹젤리아 거리가 있다. 다이마루 백화점, 파르코 백화점부터 유럽 각국의 명품샵들이 개성 있고 특이한 건물로 매력을 뽐내며 경쟁하듯 즐비하다. 오사카에 왔다면 지갑을 확실히 열어도 된다. 그리고 오사카 사람들은 일본 내에서도 가장 장사를 잘한다. 그래서 어딜 가든 친절하게 열정적으로 손님을 맞이한다. 무엇보다 그들은 행동도 빠르다. 그러니 관광객들은 두 손 가득 쇼핑을 하게 된다. 그리고 공항에서 초과된 짐의 무게를 줄이기 위해 고심하게 된다. 그렇기 때문에 오사카여행을 계획하고 있다면 큰 캐리어를 준비하자. 최대한 짐은 줄여서 여행을 떠나자. 오사카에서 가득 채워 돌아갈 수 있으니 말이다. 먹는 재미, 보는 재미, 사는 재미가 가득한 곳이 바로 오사카다.

4장

도쿄

모든 것을 한눈에
누릴 수 있는
종합 선물세트

걷는 것만으로도
설레는 도쿄

도쿄는 참 특이한 도시다. 전 세계에서 유일한 도시 고속도로를 가지고 있기 때문이다. 건물 5층 높이의 고가 고속도로는 인구 1,200만 명의 대도시인 도쿄 시내 한복판을 가로지른다. 고가 고속도로를 달리는 차 안에서 도쿄의 시부야 거리를 내려다 볼 수도 있고 롯본기의 롯본기 힐즈를 정면으로 마주 볼 수도 있다. 아카사카의 호텔 숲도 볼 수 있고, 신주쿠의 도청을 저 멀리서 볼 수도 있다. 도쿄타워의 눈부신 야경은 말해 무엇하랴! 반짝이는 불빛으로 넘실대는 빌딩 숲이 가득한 도쿄의 야경은 그야말로 미래 세계에 온 듯하다. 그래서 고가 고속도로는 빨리 달리는 도로가 아니라 키가 아주 높은 시티투어버스의 역할을 하고 있는 셈이다.

예전에 도쿄는 촌스러운 동네로 취급되었었다. 도쿄만에 인접한 질퍽대는 늪지대의 열악한 지형에 인구는 고작 2,000명 정도가 거주하는 곳이었다. 도요토미와의 권력 싸움에서 밀려난 도쿠가와 이에야스가 에도로 올 때만 해도 지금 같은 화려한 대도시가 될 거라고 꿈도 꾸지 못했으리라. 결국은 도쿠가와가 천하를 통일하는 대망을 이룬 후 도쿄는 일본의 중심으로 자리 잡았다.

그 옛날 도쿄의 명칭은 에도(江戶)였다. 우리가 익히 알고 있는 가부키 공연, 우키요에(일본에도 시대의 목판화), 게이샤 등 대부분은 에도 시대의 문화라고 생각해도 된다. 에도는 친환경 도시였다. 도시의 운영을 위해서는 깨끗한 식수가 필수였다. 그래서 시 전체에 수로를 팠는데 대나무를 이용했다고 한다. 동고서저의 지형을 이용해서 에도 전체에 상하수도를 설치했고, 지금도 곳곳에 수로가 남아 있다. 고가도로는 그 수로 위에 설치했기에 국가사업으로 한 번에 진행하기 용이했으리라. 그 덕택에 우리는 버스를 타고 다니는 것만으로도 도쿄의 매력을 만끽할 수 있다.

에도 시대에 가장 인기 있는 신랑감은 소방관이었다. 에도 시대 사람들을 가장 두려움에 떨게 만든 것은 대화재였다. 주기적인 대화재는 에도를 잿더미로 만들었다. 그래서 인공수로를 조성했고 대부분의 민가들은 수로를 끼고 다닥다닥 붙어 있었다. 에도 시대 소방관은 화재를 진압하는 것은 물론 건물을 부수어 화재가 더 이상 번지지 않도록 하는 힘을 쓰는 사람이었다.

도쿄 출장을 가게 되면 나는 어떤 기사분을 만나게 될지 신경이 쓰인다. 기사분을 잘 만나야 투어를 진행하는 게 수월한데, 도쿄 기사분들의

특징은 자신이 에도 사람인 것에 대해 자부심을 가지고 있다는 것이다. 에도에서 태어나고 자라난 이들을 '에도코(江戸っ子)'라고 한다. 우리로 치면 '서울 토박이(깍쟁이)'라는 말이다. 특히, 그날 번 돈을 그날 탕진해야 진정한 '에도코'라고 하는데, 아침에 일어나면 아사쿠사의 쓰키지 어시장에서 밥을 먹고 오후 내내 가부키 공연을 관람하고 저녁에는 '요시하라'라는 유곽촌에서 기녀들과 놀며 술을 마셨다. 돈을 다 탕진한 '에도코'는 이러지 말아야지 하다가도 다음 날이면 어김없이 쓰키지 어시장으로 향하고 있는 것이다.

에도는 초창기 미개척된 늪지대 지형들이 많았기에 도시개발을 위해 대규모 공사가 필요했다. 그래서 힘을 쓰며 일해야 하는 남자가 많이 필요했다. 그래서 에도 시대에는 남자와 여자의 성비를 남자 70퍼센트, 여자 30퍼센트로 조절했다. 여자와 무기는 에도로 들어오기가 어려웠고 고질적으로 여자들이 부족하게 된다. 아무리 못생긴 여자도 인기가 많을 수밖에 없었으며, 자연히 요시하라라는 유곽촌을 만들게 된다.

우리나라에서 도쿄로 여행을 가면 대체로 나리타공항을 통해서 입국하는 경우가 많다. 나리타는 원래 천황의 목장촌으로 운영되던 곳이었다. 그 목장촌에 공항을 만든다고 하니 지역 주민들의 반발이 거셀 수밖에 없었다. 결국은 주민들의 반대에도 불구하고 몇 개의 목장을 밀어버리고 공항을 세우게 되었다. 나리타(成田)의 한자는 '성스러운 밭, 풍요로운 밭'이라는 뜻이다.

나리타 공항에서 도쿄는 버스로 한 시간 반 정도의 시간이 소요되는데, 도쿄로 들어가서 처음으로 관광하는 곳이 아사쿠사의 센소지(浅草寺)라는 절이다. 원래 센소지 주변은 요시하라라는 유곽촌이 즐비했고 가장 서민들이 사는 가난한 동네였다. 도쿄의 가장 큰 강인 스미다강 주변은 에도 시대 환락의 거리였다. 에도 남자들은 센소지에 기도하러 간다고 하고서는 요시하라 유곽촌에서 유흥을 즐겼던 것이다. 그래서일까? 아사히 맥주 공장의 본사 건물이 아사쿠사에 있다. 생맥주 컵 모양의 건물에 맥주의 색깔과 맥주의 거품까지도 이미지화한 참 재미있는 구조의 건물이다.

도쿄는 지진이 많이 나는 곳이다. NHK 방송에서는 몇 년 전 3일 연속 도쿄 직하 지진의 위험성, 발생 가능성에 대해 방송한 적이 있다. 도쿄 시민들도 대지진이 발생할 수 있음을 각오하고 있다. 도쿄 호텔에 숙박해 보면 호텔 주변에 유난히도 큰 전광판들이 눈에 띤다. 전광판에서는 지진이 일어났을 때 어떻게 대피하고, 무엇을 해야 하는지를 지속적으로 영상으로 보여준다. 지진이 나면 질서정연하게 대피하고 재난 상황에서도 자신을 지키며, 남을 도울 수 있는 역할을 해야 한다며 영상의 마무리는 '자신의 생명은 스스로 지키자'라는 것으로 끝난다. 그런 방송을 공공연히 내보내고 그걸 또 꾸준히 시청하는 도쿄 사람들을 보며 참 냉정하면서도 차분한 일본인들의 면모를 느끼게 된다.

나는 일본의 전국 구석구석으로 출장을 간다. 세련되고 화려한 대도시 도쿄를 관광하는 것 또한 큰 즐거움이다. 하지만 도쿄 사람들은 유달리

표정 없이 살아간다는 생각을 하게 되는데, 마치 가면을 쓰고 살아가는 것 같다. 아침 도쿄역에서 출근하는 사람들의 모습을 보면, 좌측과 우측으로 일사분란하게 나뉘어 오고 가는 모습이 마치 로봇들 같다는 생각이 들고는 한다.

에도 시대의 여자들은 결혼하면 이빨을 까맣게 물들였다. 그리고 눈썹을 다 밀었다. 그 시대의 유행하던 화장법이었을까? 천만의 말씀이다. 자신이 느끼는 감정을 철저히 감추기 위해서였다. 눈썹이 올라가며 화가 난 걸 들킬까, 웃으며 흰 치아가 드러나서 좋은 감정을 들킬까 철저히 감추었던 것이다. 그렇게 감정을 드러내지 않아야 살아남기 용이했으리라. 자고로 감정이 널뛰면 상대방과 충돌할 확률이 높고 결국 싸우면 도망갈 곳 없는 섬나라에서는 누군가가 죽어야 하지 않겠는가? 그렇게 눈에 띄고 타깃이 된다는 건 죽을 확률이 높았으니 말이다.

도쿄는 메이지 유신이 성공하며 허수아비에 불과했던 메이지 천황이 도쿄로 거처를 옮기며 더욱 활발하게 성장했다. 14세의 메이지 천황은 참 영특했다고 한다. 60세에 당뇨로 죽기 전까지 일본의 근대화에 많은 기여를 했고, 이토 히로부미(伊藤博文)와 잘 맞았다고 한다. 이토 히로부미가 서류에 도장을 찍어달라고 할 때마다 묻지도 따지지도 않고 잘 찍어주었다니 말이다. 지금 도쿄의 화려한 위상도 그 때문이다. 순조롭게 개발할 수 있었던 덕분에 지금의 고가 고속도로의 위용도 가지런한 빌딩숲도 많은 이들에게 감탄을 불러일으키는 것이다.

도쿄는 무엇보다 일본 내에서 가장 높은 건물이 많다. 세계에서 가장 높은 송신탑인 스카이트리, 도쿄타워, 세계적으로 알려진 시부야의 스크램블 스퀘어 등 일본 내에서도 가장 높은 전망대로 즐비하다. 전망대에서 바라보면 도쿄가 얼마나 많은 사람과 건물이 빽빽하게 들어서 있는지 실감할 수 있다. 도쿄의 위상을 드러내듯 더 높게, 더 멀리 바라보기 위해 인간의 욕망에 박차를 가해온 것이다. 그래서 일본에 온다면 도쿄를 꼭 봐야 한다. 시작은 미미했으나 그 결과가 얼마나 장엄하고 위대한지 일본의 중심인 도쿄가 보여준다. 일본이 원자폭탄을 맞고도 다시금 이렇게 재건할 수 있었다는 증거가 바로 도쿄다.

또한 도쿄를 보면 일본이 얼마나 매뉴얼화되어 있고, 일본인들이 숨 막힐 정도로 치밀하게 살아가는지 확인할 수 있다. 자고로 말은 제주도로 보내고 사람은 서울로 보내라고 했다. 일본 또한 마찬가지다. 일본에서도 말은 홋카이도로 보내고 사람은 도쿄로 보내라고 한다. 가장 세련된 고급 문화를 맛볼 수 있는 곳이 도쿄다. 전철을 타고 가다 아무 역에나 내려도 된다. 어디든 전철에서 내려 길을 걷는 것만으로도 일본 사람과 문화를 체험할 수 있다. 이게 바로 도쿄를 여행하는 큰 즐거움 중 하나일 것이다. 걷는 것만으로도 설렘이 가득한 곳이 바로 도쿄다.

시부야, 하라주쿠,
신주쿠, 긴자

도쿠가와 이에야스는 죽기 전에 이렇게 말했다. "인생이란 무거운 짐을 지고 먼 길을 걸어가는 나그네와 같다. 서두르지 말지어다." 도쿠가와가 만약 욕심에 눈이 멀고 불안과 초조함을 이기지 못해 "빨리! 빨리!"를 외치는 사람이었다면 지금의 도쿄는 없다.

이런 손님이 있었다. '나는 자식도 다 키웠고, 사업도 이만하면 됐고, 이제 더 이상 바랄 게 없어'라고 생각했는데, 그렇게 안주하는 순간 병이 들었다고 하셨다. 이래서는 안 되겠다 싶어서 여행을 다니기 시작했다고 하셨다. 그 이야기를 듣고 나는 깨달았다. 사람은 욕망을 키워야 한다. 건전하고 긍정적인 욕망이 사람을 더욱 건강하게 만들고, 오래 살게 만든다는 것을 말이다.

도쿠가와를 73세까지 살게 만든 건 그의 큰 욕망 때문이다. 도쿠가와는 어린 시절 아이치현(愛知県) 지역의 힘 없는 영주의 아들로 태어났다. 그래서 그는 이마가와 가문의 인질로 들어간다. 자신의 가신들을 살리기 위해서 어쩔 수 없는 선택이었다. 어린 도쿠가와는 두려움과 모욕감을 느끼는 나날을 보내야만 했다. 그 굴욕적인 시간을 견뎌내야만 했던 인내의 세월이 도쿠가와를 기다림의 제왕으로 만들고 결국에는 천하를 통일하는 영광을 누리게 했던 것이리라. 결국 일흔이라는 나이에 장군의 위치에 오르며 자신의 대망을 이룬 후 3년 후 죽음을 맞이한다.

일본을 대표하는 것이 '사무라이 문화'라고 흔히 말한다. 사실 죽고 죽이는 살벌한 무인 시대가 거의 700년 가까이 이뤄졌다. 그래서 일본은 체면이나 명분을 중요하게 생각하지 않는다. 좋은 것을 받아들여 어떻게 하면 적을 이길 수 있는가가 중요하다. 그런 일본이기에 기술을 중요시하고 그런 기술을 바탕으로 한 탄탄한 중소기업이 많은 것이다.

인간의 욕망이 가장 많이 투영된 곳이 바로 도쿄라는 도시다. 그곳에서도 특히 10대의 욕망이 투영된 시부야, 20대의 욕망이 투영된 하라주쿠, 30대의 욕망이 투영된 신주쿠, 40대의 욕망이 투영된 긴자라고 나는 손님들에게 소개하고는 한다. 높은 빌딩이 즐비하고, 많은 사람들이 살고 있고, 백화점과 명품 매장이 넘치게 많다.

나는 엄마와 둘이서 베트남여행을 간 적이 있다. 항공사 카운터에서 티켓팅을 하고 있는 나를 멀뚱히 바라보는 엄마가 왠지 모르게 안쓰러웠다. 들뜬 마음으로 분주히 움직이는 사람들 사이에서 낯설어 하는 엄마가 작고 외로워 보였다. 나는 비행기를 타기 전에 인천공항 면세점의 루이비통 매장에 당당히 들어갔다. 나는 엄마에게 이 가방, 저 가방을 들어보게 한 후 엄마가 마음에 든 가방을 선물했다. 엄마에게 나랑 여행 갔을 때 가장 행복했던 게 뭐냐고 물으면 엄마는 "딸이 루이비통 가방을 사준 게 제일 행복했다"고 말한다.

여자에게 가방은 욕망을 상징한다. 여자가 남자보다 오래 사는 이유는 여자가 욕망이 더 크기 때문이다. 여자는 가방도 필요하고, 신발도 필요하다. 여자의 손가락이 10개인 이유는 10개의 반지를 끼기 위해서라고 나는 개인적으로 생각한다. 그런 욕망을 가장 잘 채워주는 곳이 시부야, 하라주쿠, 신주쿠, 긴자다.

에도 시대에 사무라이들은 언덕 높은 곳에 살았다. 서민들은 아래 마을이란 뜻의 '시타마치(下町)'에 모여 살았다. 대부분 강이 흐르는 낮은 지역의 강변가였다. 도쿄의 전철 노선 중 '야마노테센(山手線)'이 있는데, 한자 그대로 '산의 손'이란 뜻으로 언덕 높은 곳에 사는 신분이 높았던 이들의 거주지를 나타내고 있다. 시부야, 하라주쿠, 신주쿠는 야마노테센의 가장 많은 승객이 승하차 하는 역이기도 하다.

시부야역 바로 앞 스크램블 교차로라고 불리는 보행자 천국을 처음 횡단했을 때를 나는 기억한다. 신호가 바뀌고 동시에 3,000명 이상의 인원이 교차로를 가로지르는데, 젊고 멋진 차림의 일본인들이 한꺼번에 쏟아지며 각자의 방향으로 향하는 모습을 보는 것 자체만으로도 좋은 감상거리다. 그곳의 건물들에 걸린 화려한 전광판은 어느덧 케이팝 인기 가수들의 전용 홍보처가 된 지 오래다. 예전에는 좋은 기운을 가진 명당자리가 좋은 터였다. 하지만 지금은 사람이 가장 많이 몰리는 곳이 명당이다. 그래서 시부야는 '도쿄 최고의 사람 구경을 할 수 있는 명당'이 된 것이다

만약 당신이 돈을 벌고 있는 20대의 여행자라면 나는 하라주쿠를 권할 것이다. 가장 젊은 감각이 살아 있고 유명한 유럽 브랜드들이 즐비하다. 그러면서도 액세서리나 신발 등 마니아적인 취향을 반영하는 매장도 많은 곳이 바로 오모테산도의 다케시타마치다. 오픈런이라는 말을 실감할 수 있을 정도로 매장 오픈 전부터 대기 줄이 엄청나다. 재미있는 건 대부분이 남자들이라는 것이다. 하라주쿠에는 삼성 갤럭시 매장도 있는데, 이른 아침부터 줄을 서며 가게 문이 열리기를 기다리는 일본인들을 보면 은근 기분이 좋아진다.

'현재 일본의 유행은 무엇인가?'에 대한 방송을 할 때 종종 하라주쿠가 나오고는 한다. 재미있는 건 지금 일본의 젊은이들은 하라주쿠를 찾는 게 아니라 한국 관련 가게들이 몰려 있는 신오쿠보에 더 많이 몰린다는 것이다. 야마노테센에 올라 있는 지역들을 제치고 슬럼 지역으로 치부되었던 신오쿠보가 더욱 즐겁다며 인터뷰하는 젊은이들의 모습을 보고 있으면 절로 미소가 지어진다. 신오쿠보는 한국인들이 가장 많이 살고 장사하는 곳으로 신주쿠 바로 옆에 위치해 있다.

노부나가(信長)는 유흥가로 유명한 신주쿠 가부기초의 '로망스'라는 호스트클럽의 넘버원 호스트다. 그는 와세다 대학을 나왔고 뚱뚱하고 촌스러운 외모를 가지고 있었다. 그가 호스트바의 호스트를 직업으로 삼은 이유는 좀 더 즐거울 것 같아서라고 한다. 그는 자신의 성공담을 책으로 펴냈는데 베스트셀러가 되었다. 제목은 《성공은 눈치 보지 않는 사람만 얻을 수 있다(成功は'気にしない人'だけが手に入れる)》이다.

신주쿠는 밤이면 불타는 곳이다. 그래서 '불야성'이라고 한다. 어두운 밤, 유달리 환한 빛으로 둘러쌓인 곳이 있다면 바로 신주쿠다. 가부기초는 옛날에 가부키 공연을 하던 곳이었다. 일본에서 가장 오랜 역사를 자랑하는 이세탄 백화점에서 신주쿠역까지 걷기만 해도 황홀할 만큼 화려하다. 일본의 유명 드라마인 〈심야 식당〉에서 항상 첫 장면에 나오는 곳이 신주쿠다. 그만큼 하루를 마무리하며 지친 사람들이 술 한잔 기울이는 곳이기도 하다. 주머니가 넉넉하고 밤 문화를 즐기고 싶다면 지체 없이 신주쿠로 달려가라.

일본인들은 명품을 좋아한다. 좋아하다 못해 사랑한다. 사무라이는 각자 가문의 문장(紋章)을 가지고 있었다. 천황가를 상징하는 것이 국화이고 국화 꽃잎 16장이 천황을 상징하는 문장이다. 도쿠가와 가문의 문장은 우리나라 무궁화를 닮았다. 유럽에서 넘어온 명품들은 실은 고유의 기호와 문양을 가지고 있다. 그래서 도쿄 사람들은 예전 사무라이 시대의 가문의 문장에 대한 향수를 느낀다. 유럽 명품 매장이 긴자에 즐비한 이유다. 긴자(銀座)라는 이름에서 알 수 있듯이 이곳은 부가 가장 집중되어 있는 곳이다. 긴자 옆에는 천황이 살고 있는 황거가 있고, 그 밑으로 일본의 월스트리트라고 할 수 있는 금융가가 있다. 당신이 어느 정도 성공한 40대라면 긴자를 거닐어보기를 권한다. 명품은 파동이 높다. 파동이 높은 긴자는 차분하면서 고급지다. 그 분위기가 당신도 덩달아 우아하면서도 귀족스러운 느낌을 가지게 만들 것이다.

아무리 걸어도 지치지 않고, 보는 것만으로도 즐거우며, 세련된 사람들이 많은 곳이 바로 도쿄다. 그중에서도 시부야, 하라주쿠, 신주쿠, 긴자는 우리의 욕망을 드러내고 채워주는 곳이다. 도시가 한눈에 보이는 높은 전망대에서 도쿄를 내려다볼 수 있고, 가장 오래되고 고급진 백화점도 늘어서 있으며, 전 세계 유명 브랜드들이 집합해 있다. 힙하면서도 독창적인 매력의 상점들도 즐비하다. 커피 한잔을 마시며 시부야역에서 하라주쿠까지 걸어도 좋다. 볼거리가 넘쳐날 것이다. 낮과 밤, 24시간 열려 있는 곳! 모든 욕망을 채워주는 곳! 도쿄의 가장 멋진 곳들이다.

일년 내내
짜릿한 도쿄

　이토 상은 도쿄에서 태어나 도쿄에서 자란 도쿄 토박이 기사분이다. 관광을 진행할 때는 일본인 기사분과의 협업이 참 중요한데, 손님들이 일본에 여행을 와서 처음 만나는 일본 사람이 바로 일본 기사분이기 때문이다. 손님들은 일본 기사분의 옷차림, 말투, 표정에서 한국 관광객인 자신을 대하는 일본을 읽는다. 사실 여행을 오는 대부분의 손님들은 알게 모르게 일본에 대한 저항감을 가지고 있는 경우가 있다. 그래서 일본 기사분이 상냥한 태도로 손님들을 대해주면 손님들도 환영받는다고 안심한다. 그럴 때 나 또한 안심한다. '아, 이번 투어는 술술 잘 풀리는 투어가 되겠구나!'라고 말이다.

　이토 상이 나에게 오더니 손님들이 자기만 보면 방긋방긋 웃는다며 즐거워했다. 자기는 도쿄 토박이인데 이놈의 인기는 글로벌하다며 자랑을 하는 것이었다. 이토 상은 키가 153센티미터 정도에 왼쪽 코에는 점이 있다. 이토 상이 즐거워하니 나도 기분이 좋았다. 이심전심 아니겠는가? 여행을 할 때는 서로 기분이 좋아야 한다.

나는 손님들께 물어보았다. 왜 그렇게 이토 상만 보면 방실방실 웃으시냐고 말이다. 이토 상의 어디가 그렇게 좋으시냐고 했더니 손님들은 잠시 망설이다가 운전석이 한국이랑 반대 방향이다 보니 자꾸 반대 방향으로 가다가 다시 돌아와서 차를 탈 때마다 그런 자신이 민망하기도 하고 멋쩍어서 싱긋 웃었다는 것이다. 그 말을 듣는 순간 나는 터지는 웃음을 참을 수 없었다. 하지만 나는 이토 상에게 진실을 말하지 않았다. 가끔은 모르는 게 약이 되는 법도 있으니까 말이다.

지금의 도쿄를 수도로 정한 이는 오쿠보 도시미치(大久保利通)였다. 오쿠보 도시미치와 사이고 다카모리(西鄕隆盛)는 둘도 없는 친구 사이였다. 의기투합해서 메이지 유신을 성공으로 이끌었다. 일본 역사의 물줄기를 봉건 막부에서 근대화로 바꾼 것이다. 하지만 막상 유신에 성공하게 되자 둘은 각자 다른 길을 걷기 시작한다.

영화 〈라스트 사무라이〉를 본 적이 있는가? 주인공 톰 크루즈(Tom Cruise)가 마지막 사무라이 전투에 참전하는 이야기다. 일본의 사무라이 정신이란 무엇인가? 자신의 지조를 위해 목숨을 아낌없이 내놓는 용맹함이 아니겠는가? 결국 마지막 남은 보수파와 개화파의 세이난 전쟁이 일어나는데 개화파인 오쿠보 도시미치가 승리하게 되고, 사이고 다카모리는 자신의 고향으로 돌아가 자결하며 일본의 사무라이 시대는 막을 내리게 된다. 그런데 사무라이들이 오쿠보 도시미치를 가만히 두었겠는가? 결국 오쿠보 도시미치도 암살로 생을 다하고 그 뒤를 이어 이토 히로부미가 총리로 집권하게 된다.

도쿄가 매력 있는 이유 중 하나는 천황이 거주하는 곳이기 때문이다. 황거 앞의 소나무는 충신을 의미한다. 그 주변에는 경찰청, 국회의사당, 히비야(日比谷) 공원이 있다. 히비야 공원은 역사의 소용돌이 속에서 굵직한 인물들이 죽고 죽이는 피의 현장이기도 했다.

메이지 천황은 열네 살에 천황의 자리에 올랐다. 앞에서 잠깐 이야기했지만, 이토 히로부미와 그렇게 쿵짝이 잘 맞았다고 한다. 이토가 개혁안을 가지고 천황에게 가면 묻지도 따지지도 않고 도장을 잘 찍어주었다고 한다. 조선 시대의 왕이 무언가를 개혁하려고 할 때 유생들이 석고대죄를 하며 "이러시면 아니 되옵니다"라며 발목을 잡은 것과는 사뭇 비교된다. 일본이 개혁에 성공한 이유는 사무라이들이 말이 짧았기 때문은 아닐까? 그들은 무언가를 물으면 "하이"라고 대답했다. 저항과 거절은 할복할 각오가 아니면 입에 담지 않았다.

지금의 도쿄는 이토 히로부미의 작품이라고 할 수 있다. 이토 히로부미는 가난하고 신분이 낮았다. 그런 이토를 영국의 자본가들은 장학금을 주며 공부를 시켜주었다. 영국 귀부인들의 후원과 지지가 이토를 일본의 실세로 만든다. 메이지 유신의 민낯은 영국 자본이 동아시아로 잠식해서 들어오는 과정이다. 이토는 그 하수인의 역할을 충실히 해냈다. 그래서 일본의 운전석이 영국과 같은 오른쪽인 것이다. 만약 이토가 더 오래 살았다면 무슨 일들을 더 했을까?

이토는 조선의 백자를 참 좋아했다. 그리고 그가 더 좋아했던 게 여자였다. 이토가 죽고 나자 일본 만평에는 이토의 입을 크게 벌린 그림 안에 비구니, 게이샤를 포함해 조선, 중국, 러시아의 복장을 한 수많은 여성을 그려 넣었다. 이토는 생전에 종종 이런 말을 했다고 한다. "나는 명예도 재산도 큰 관심이 없고 다만 많은 여성들과 즐기고 싶다"라고 말이다. 여기에 굳이 영웅호걸이라는 말은 쓰고 싶지 않다.

영국과 손잡고 한참 영국을 따라가던 일본은 돌연 영국과 손절하게 된다. 그 후 미국과 손잡고 미국을 따라 하기 시작하는데, 가장 미국을 잘 느낄 수 있는 곳이 바로 오다이바(お台場)다. 오다이바는 포대라는 뜻인데 원래는 태평양을 건너서 일본을 공격하는 미국 배를 방어하는 대포 기지로, 도쿄만에 인접한 인공섬 위에 조성된 인공 해변이다.

도쿄 관광 일정 중 결코 빠지지 않는 곳이 바로 이 오다이바다. 마치 샌프란시스코에 와 있는 듯한 느낌을 주는 레인보우 브리지와 자유의 여신상을 배경으로 사진을 찍으면 여기가 일본인지 미국인지 구분하기 어려워지기도 한다. 나는 종종 레인보우 브리지를 건널 때 버스 안의 불을 다 끄곤 한다. 어둠 속에서 바라보는 오다이바의 야경은 너무 아름답기 때문이다. 저 멀리 방송국 후지 티비와 스미다강에 떠 있는 뱃놀이용 야카타부네(屋形船)의 붉은 등이 일본과 미국의 아름다움을 동시에 느끼게 하기 때문이다.

레인보우 브리지는 총 3단으로 되어 있다. 가장 위는 유료 고속도로고, 중간은 보행자 통행이 가능하다. 가장 아래는 '유리 카모메'라는 지하철을 운행한다. 그래서 도쿄 사람들은 "나는 오늘 일이 잘 풀려서 레인보우 브리지로 건너!" 아니면 "나는 오늘 일이 잘 안 풀려서 가난한 다리로 건너!"라며 우스갯소리를 하기도 한다. 부자 다리는 '레인보우 브리지'를 말하는 것이고, 가난한 다리는 '빈보우 브리지'라고 한다. 일본어로 가난하다는 의미의 '빈보우(びんぼう)'를 레인보우와 발음이 비슷하니 쓴 일종의 언어유희라고 할 수 있는데, 가장 위쪽의 유료 고속도로와 가장 아래의 지하철을 일컫는 것이다. 농담도 참으로 도쿄스럽지 않은가!

미국의 자유의 여신상은 슬리퍼를 신고 있고 한 손에는 책을, 한 손에는 횃불을 들고 있다. 프랑스 혁명을 이끌었던 자유의 여신을 일본은 오다이바에 세웠다. 저 멀리 프랑스 에펠탑을 닮은 도쿄 타워와 샌프란시스코의 다리를 본뜬 레인보우 브리지와 인공해변은 그야말로 탄성을 자아내게 할 만큼 아름답다. 미국까지 갈 필요가 없다. 비행기 값도 너무 비싸고 시간도 많이 걸리지 않는가. 도쿄의 오다이바에 가면 미국을 여행하는 듯한 체험을 할 수 있다. 자유스럽고 독립적이면서 개방적인 미국의 기운을 느낄 수 있다. 나는 처음 오다이바를 바라보았을 때 우주의 수많은 행성처럼 빛나는 불빛들의 오다이바를 보며 마치 우주인이 된 기분이었다.

오다이바 관광은 주로 손님들에게 자유시간을 드린다. 자유롭게 쇼핑하며 먹고 싶은 것을 먹고 오는 시간을 드리는 것이다. 오다이바 주변에는 고급 호텔들도 많다. 힐튼에서 와인 한잔을 기울이며 오다이바의 야경을 바라보는 것도 좋다. 닛코그랜드호텔의 커피숍에서 여유롭게 허브티 한잔을 하는 것도 좋다. 대부분의 식당에서 오다이바의 야경을 볼 수 있다.

그래서 오다이바는 일년 내내 짜릿하다. 계절을 타지 않는다. 일년 내내 조명을 밝힌 일루미네이션을 감상할 수 있다. 밤에는 항상 별천지다. 나는 저 멀리 레인보우 브리지가 보일 때 이미 가슴이 설렌다. 만약 도쿄에서 하루 숙박한다면 오다이바의 '라비스타 도쿄 베이'를 추천하고 싶다. 14층의 노천 온천을 즐기며 좌측에는 도쿄타워를 우측에는 스카이트리의 야경을 볼 수 있다. 따뜻한 물에 몸을 담그고 아름다운 불빛들로 반짝이는 세련되고 화려한 도쿄의 야경을 바라보는 일은 세상 가장 짜릿한 일이다.

일본의
종합 선물세트

　나는 욕심이 참 많았다. 유달리 식탐이 강해서 중국집에 가면 꼭 2개 이상의 메뉴를 시킨다. 짜장면을 시키면 볶음밥을 함께 시킨다든지 말이다. 베트남 쌀국수를 주문할 때도 마찬가지다. 꼭 곱빼기를 시켜야지만 직성이 풀린다. 결국에는 다 먹지 못해 남기면서도 말이다. 선물을 고를 때도 마찬가지다. 선물로 무엇을 받고 싶냐고 묻는다면 이것도 받고 싶고, 저것도 받고 싶어서 한참 고민에 빠진다. 나처럼 욕심이 많은 사람에게는 도쿄가 안성맞춤이지 않을까? 이것저것 먹고 싶은 것도 많고, 다양하게 보고 싶은 것도 많고, 가장 인기 있는 것들을 한꺼번에 취하고 싶은 욕심쟁이한테는 말이다.

　일본의 애니메이션에 익숙한 사람들은 가슴이 풍만하고, 다리가 비정상적으로 가늘며, 연신 얼굴에는 미소를 지으며 상냥한 일본 여성들을 떠올릴지 모르겠다. 일본 여행을 오면 당장이라도 그런 소녀들을 마주칠 것 같은 상상을 하는 사람도 있다. 도쿄의 아키하바라에 가면 메이드 카페가 있다. 어리고 예쁜 직원들이 손님을 "주인님"이라고 부르는 이 카페에서는 레이스가 달린 하녀 복장을 하고 마치 주인님의 명령이라면 죽는 시늉이라도 할 정도로 공손한 자세의 메이드들이 손님을 맞이한다. 손님들은 그 맛에 메이드 카페에 빠져든다. 일명 코스프레 문화라고 하는데, 일본인들은 왜 그렇게 흉내를 내고 연극하는 것을 좋아할까? 진실이 아닌 것을 알면서도 왜 가상의 현실에 빠져드는 것일까?

도쿄에 가면 해리포터 스튜디오가 있다. 영화 제작사인 워너브라더스 사에서 만든 테마파크다. 손님들 중에 입장권을 개별적으로 구입해서 온 분들이 있었다. 연구소의 젊은 직원들이셨는데, 그들은 해리포터 스튜디오를 원했지만 나이가 지긋하신 교수님은 쓰키지 어시장에서 맛있는 회덮밥을 드시고 싶어하셨다. 그래서 남는 티켓을 사용해서 나도 스튜디오를 견학해보기로 마음을 먹었다.

본격적으로 스튜디오에 입장을 하기 전, 호크와트의 신비로운 분위기에 취한 나는 해리포터가 입었던 마법사 망토와 마술 지팡이를 구입하고 말았다. 망토는 12,000엔의 거금이 들었고 마법 지팡이는 6,000엔이었다. 티켓이 6,000엔이었는데 나는 그 금액의 3배에 해당하는 금액을 코스프레 복장으로 쓰고 만 것이다. 나도 구입 전에 이런저런 고민을 했다. 이게 진정 나에게 필요한 것인가? 이 복장을 오늘 하루 입고 나면 도대체 언제 다시 입고 다닐 것인가 말이다. 쓸데없이 마법사 복장을 입고 돌아다니면 나를 정신 나간 사람으로 볼 게 틀림없지 않은가?

그런데 불쑥 나의 어린 시절이 떠올랐다. 엄마, 아빠 손을 잡고 놀이공원에서 머리에는 커다란 토끼 머리띠를 하고 폴짝폴짝 뛰고 싶어했던 어린 시절의 나를 말이다. 그래서 결심했다. 해리포터 망토와 마술지팡이를 들고 견학을 하자! 복장을 갖추고 견학하면 어떤 기분일까 제대로 느끼고 싶었다. 또한 어린 시절 놀이공원에 가서 마음껏 놀아보지 못한 한을 풀고도 싶었다. 그래서 결국 망토와 지팡이를 구입했다. 망토는 손을 다 덮을 만큼 길었다. 나는 내 성인 '허'를 따서 '허리포터'가 되었다. 망토는 길면 길수록 마법사의 카리스마를 보여준다고 한다. 그런데 왜 기분은 자꾸 스머프를 괴롭히는 못된 마법사 가가멜이 연상되는 것일까?

견학하는 일본인들 대부분이 코스프레를 하고 왔다. 일반 복장을 하고 있는 사람은 대부분 관광객들이었다. 나는 마법 지팡이를 타고 하늘을 날고, 바다를 가로질러 대도시의 건물 사이를 날아다녔다. 그 동영상을 촬영하는 비용만 5,000엔이었다. 나는 이 동영상을 우울할 때 보려고 저장해놓았다. 나는 위대한 마법사 '허리포터'가 된 것이다. 3시간이라는 짧은 시간 동안 무려 30만 원의 돈을 쓰고 말았지만 후회하지는 않았다. 왜냐하면 나의 어린 시절의 결핍을 스스로 보상해주고 싶었기 때문이다. 이제 나의 보호자는 나다. 내가 원하는 것을 가장 잘 들어줄 수 있는 것도 나 자신이다. 나는 누구에게 원하고 바라기보다 스스로 필요한 것을 채워주기로 마음먹었다. 그래서일까. 도쿄 디즈니랜드의 퍼레이드를 보면서 펑펑 눈물을 쏟기도 했다. 동화 속에서 금방 튀어나온 듯한 복장과 외모는 물론이거니와 그들의 표정, 몸짓, 사랑스러운 눈길로 바라봐주는 그 상냥함에 나도 모르게 눈물이 흘렀다. 에버랜드 같은 놀이공원에서 폭죽이 터질 때도 마찬가지로 벅찬 감동을 느꼈다.

나는 2019년 '노재팬' 운동이 터지기 직전에 유럽 여행 인솔을 한 경험이 있다. 오랜 시간 동안 일본을 다니면서 일했는데, 언제부터인지 새로운 경험을 원하고 있었다. 그래서 용감하게 유럽을 경험하고 견문을 넓히고 싶다며 유럽사업부의 이사님께 말씀드렸다. 참 운이 좋게도 코로나가 오기 전까지 스페인, 포르투갈, 모로코, 두바이까지 손님을 모시고 다니며 아름다운 유럽을 맛볼 수 있었다.

나는 영어도 스페인어도 잘할 줄 몰랐다. 하지만 인솔 업무라는 게 손님과 잘 지내는 것이지 언어가 중요한 것이 아니라는 것을 알고 있었다. 인천에서 스페인으로 향하는 비행기 안에서 디즈니의 영화 〈알라딘〉을 보고 또 봤다. 알라딘이 마법의 양탄자를 타고 날아올라 자스민 공주에게 "두 유 트러스트 미?"라며 나를 믿냐고 묻는 장면과 홀린 듯한 눈빛으로 자스민 공주가 알라딘의 손을 잡고 마법 양탄자에 올라타 하늘을 날며 전혀 새로운 세상에 온 듯이 비행하는 모습은 새로운 곳을 향해 비행하고 있는 나에게 이루 말할 수 없는 용기와 희망을 주었다.

나의 버킷 리스트 중에 자신에게 몽블랑 만년필 선물하기가 있다. 나는 지금 여행 인솔 업무를 하는 동시에 책을 쓰는 작가다. 그래서 자고로 작가라면 몽블랑 만년필 하나 정도는 가지고 있어야 하지 않겠는가 싶었다. 그런데 100만 원이 넘는 만년필을 구입한다는 게 쉽지 않은 일이다. 펜은 일단 소모품이고 분실할 위험성도 높다. 아마 구입하겠다고 마음먹었다고 하더라고 머릿속에서는 이런저런 목소리가 아우성칠 것이다. 이 돈이면 건강식품을 사거나 피부과에 가서 관리 한 번을 더 받는 게 좋지 않을까 하고 말이다.

나는 자기 사랑의 방법은 자신에게 최고의 것을 선물하는 것이라고 생각한다. 내 몸에 가까운 것부터 돈을 쓰는 것이다. 적당한 선에서 합의를 봐서는 안 된다. 물건을 살 때도 적당한 것을 찾아서는 안 된다. 진짜 마음에 들고, 고급스러운 물건이 있다면 가격표를 보지 말고 구입해보자. 그런 고급 명품들이 많은 곳이 바로 도쿄다.

'종합 선물세트'라고 하면 무엇이 생각나는가? 일단은 골라 먹는 재미가 있어야 한다. 이런 저런 취향을 반영할 수 있는 다양함이 종합 선물세트의 필수조건일 것이다. 그리고 무엇보다도 받는 사람을 감동시켜야 한다. 우리는 선물을 받을 때 무엇을 고려하는가? 먹고 싶은 것도 있을 것이고 보고 싶은 것도 있을 것이다. 가끔은 스릴을 느끼고도 싶을 것이고 가끔은 유흥도 즐기고 싶을 것이다. 어린 시절의 동심을 충족시키고도 싶을 것이고 여행지만의 옛 정취를 느끼고도 싶을 것이다.

그 모든 것들이 도쿄에 모여 있다. 일본의 전쟁 후 가장 힘들었던 시기의 재래시장부터 일본의 고도 성장기에 가장 화려했던 백화점까지 모여 있는 곳이 바로 도쿄다. 전 세계의 모든 라면들도 맛볼 수 있고 최고급 레스토랑도 모여 있다. 하루 숙박이 3만 원인 캡슐호텔도 있고 하루 숙박에 1,000만 원인 스위트룸도 있다.

가장 서민적인 문화에서 가장 고급의 문화까지 맛볼 수 있는 도쿄는 전 세계 모든 이들을 끊임없이 유혹한다. 무엇을 원하든지 도쿄는 그 욕구를 채워줄 것이다. 도서관에 가면 그 나라가 가진 문화의 힘을 느낄 수 있다. '독서력이 국력이다' 일컬어지는 이유다. 도쿄는 일본의 모든 문화, 정치, 경제, 상업의 중심지다. 모든 것은 도쿄에서 출발해서 도쿄로 돌아온다. 그것이 도쿄가 세계적인 도시이자 일본의 가장 매력적인 도시인 이유다. 무엇을 바라고 꿈꾸든 그 이상을 얻을 수 있는 곳이 바로 도쿄다.

무엇을 꿈꾸었든
모든 장면이 녹아 있다

도쿄 시나가와역 앞에는 시나가와 프린스호텔이 있다. 시나가와(品川)는 예전에 서민들이 모여 살았던 시타마치였던 곳이다. 에도 시대에 도쿄에서 교토로 가기 위해 처음 들러야 하는 역참 마을이었는데, 그래서인지 지금도 6,000개 이상의 객실을 가지고 있는 대형 호텔들이 있는 곳이다.

시나가와 프린스호텔에서 언덕을 조금 올라가면 시나가와 그랜드호텔이 있다. 프린스호텔이 일반 관광객들과 비즈니스맨들이 많이 묵어가는 곳이라면 그랜드호텔은 대규모의 행사나 파티를 개최할 수 있는 곳이다. 고급 카펫이 깔려 있는 시나가와 그랜드호텔 안의 커피숍과 커피를 마시며 바라볼 수 있는 일본 정원은 입장료를 내고 들어가야 하는 정원만큼이나 고급스럽고 격이 높다.

2017년부터 2019년까지 나는 매해 4월이면 시나가와를 찾곤 했다.

시나가와는 하네다공항이나 나리타공항에서 이동하기가 용이하다. 나는 공항에서 내리면 지하철을 타고 도쿄까지 들어가곤 하는데 시나가와는 환승 없이 한 번에 갈 수 있어서 좋았다. 내가 시나가와를 찾은 이유는 사이토 히토리 상이 긴자 마루칸에서 주최하는 파티에 참석하기 위해서였다.

사이토 히토리 상은 일본 최고 부자 중의 한 분이다. 우리나라에도 《부자의 운》, 《1퍼센트 부자의 법칙》 등 그의 다양한 책이 번역되어 있다. 나는 2017년 파티에서 사이토 히토리 상과 악수할 수 있었다. 히토리 상의 첫 번째 제자인 시마무라 에미코 사장이 나의 손을 붙잡고 직접 히토리 상에게 안내해준 것이다. 히토리 상은 말없이 나의 손을 잡아주었다. 작고 부드러운 손의 감촉이었다. 사이토 히토리 상을 직접 만나고 싶어 내가 무작정 도쿄에 있는 신코이와역의 히토리상의 츠이테루 진자를 찾아간 지 거의 2년 만의 일이었다.

내가 사이토 히토리 상을 알게 된 건 2014년 오키나와의 국제거리에 있는 '준쿠도'라는 서점에서였다. 《성공뇌》라는 책을 샀는데, 책에는 CD가 첨부되어 있었는데 히토리 상이 강연한 육성을 녹음한 것이었다. CD에는 히토리 상의 강연하는 목소리가 반, 사람들의 웃음소리가 반 담겨 있었다. 일본인들은 자신의 감정을 잘 드러내지 않는다. 그런데 '이건 뭐지?!'라는 생각이 들게 할 만큼 사람들이 말 그대로 즐거움에 겨운 웃음을 터트리고 있었다. 강의 내용은 단순하고 명료했으며 무엇보다 이해하기 쉬웠다. 성공하기 위해서는 뇌에 조종당하지 말고 뇌를 지배하라는 이야기였다.

사람은 살면서 많은 인연을 만난다. 좋은 인연을 통해 만난 사람을 '귀인'이라고 한다. 내 인생에 사이토 히토리 상이 들어오면서 나의 우주는 바뀌었다. 내 인생의 손에 꼽히는 사건이 있다면 그것은 사이토 히토리 상과의 만남이다. 그의 가르침은 어렵지 않았다. 자신이 발산하는 파동을 바꿔야 한다는 것이다. 얼굴의 빛깔을 좀 더 빛나게 하고, 옷을 입을 때 빛나는 브로치를 달고, 자신의 내면을 밝게 하고, 타인의 내면도 밝게 할 수 있는 말을 쓰자는 것이다. 자신이 내는 파동은 동일한 파동의 사건을 끌어온다. 지금 내가 발산하는 파동이 다가올 미래를 창조한다. 그래서 내가 밝은 파동을 내면 좋은 일들을 내 인생에 초대할 수 있다. 고파동에 속한 것들은 평화롭고 부드럽고 우아하고 충만한 경험들인 경우가 많다. 내가 쓰는 말, 가지고 있는 소지품, 모든 것이 각자의 파동을 형성한다.

나는 사실 콤플렉스와 열등감이 많은 사람이었다. 타인의 눈치도 많이 살피는 편이었다. 조금이라도 사랑받지 못한다 싶으면 자격지심에 휩싸여 억눌린 분노를 폭발하기도 했다. 사소한 일에도 쉽게 감정적으로 동요되었고 늘 긴장과 초조한 감정에 휩싸였다. 그래서 출장 준비를 하는 날부터 이미 손님과 통화를 하며 이런저런 스트레스를 받았다. 예민해진 상태로 출장가기 전날에는 밤을 꼬박 지새우기도 했고, 출장을 가서도 잠을 잘 이루지 못했다.

그랬던 내가 어느 순간부터 잠을 잘 자고 있는 게 아닌가! 히토리 상의 말을 떠올리고, 글을 읽으며 마음이 편안하고 가벼워졌기 때문이 아닐까? "나는 사랑과 빛이다", "사랑과 빛의 신성함에 두려움 따위는 이상해", "자신의 감정과 기분은 자신이 정한다"라는 그분의 가르침은 이제껏 타인의 말과 시선에 쉽게 휘둘리며 불안감을 느꼈던 내게 '내 인생의 주인은 나고, 내가 허락하지 않는 한 누구도 나의 감정을 결정할 수 없다'는 것을 인식시켜주었다. 나는 점점 자체 발광을 하며 주변을 밝게 하는 긍정적인 에너지를 가진 사람이 되어가고 있었다. 동료들과 손님들도 나를 지지하고 응원했으며, 일을 하면서 얻는 수입도 늘었다.

히토리 상이 주최하는 파티는 빅뱅의 노래 〈뱅뱅뱅〉이 장내에 울려퍼지며 시작되었다. 일본의 전통음악인 엔카를 들어본 적이 있는가? 다소 구슬프고 청승스러운 느낌까지 나기도 한다. 히토리 상의 파티는 엔카를 좋아할 만한 연령대의 일본인들이 대부분이지만 파티에서 울려퍼지는 음악은 파워풀하고 역동적인 에너지를 발산시키는 케이팝이다. 쾅쾅 울리며 파티장의 분위기를 한껏 고조시킨다. 그런 역동적인 파티장의 분위기에 나는 압도되었다. 사람들은 저마다 한껏 멋지게 치장을 하고 파티에 참가했다. 화사한 색상의 드레스를 입고 반짝이는 장신구와 모자 등 자신을 한껏 치장하며 과감히 드러내고 있었다. 한 명 한 명이 다들 다이아몬드처럼 반짝였다.

나는 히토리 상을 처음 만났을 때 이세이 미야케의 파란색 원피스를 입고 있었다. 히토리 상을 처음 만나는 날이지 않는가! 나는 좀 더 예쁘게 보이고 싶어서 파티에 참가하기 전 한국에서 다이어트 겸 도봉산을 등반하고 왔던 참이었다. 다이어트의 효과는 없었지만 도봉산의 기운을 받아 나는 내가 고대하고 고대하던 히토리 상을 만나게 된 것이다.

히토리 상에게는 그의 가르침을 전하며 긴자 마루칸의 일을 사명으로 하는 10명의 직속 제자가 있다. 히토리 상은 지극히 평범하기 그지 없었던 그들을 억만장자로 만들었다. 그들 중 단 한 명이 히토리상의 곁을 떠났는데 히토리상은 그 제자를 두고 "졸업했다"고 말씀하셨다. 그는 제자들 누구도 변화시키려고 하지 않았다. 각자의 개성과 매력을 살려 사업을 하게 했고 서로의 노하우를 공유하며 배우게 했다. 나는 그 부분에 진심으로 감탄했다.

말에는 천국의 언어와 지옥의 언어가 있다. 천국의 언어는 말을 하는 사람, 듣는 사람 모두를 즐겁게 한다. 지옥의 언어는 말을 하는 사람과 말을 듣는 사람 모두를 불쾌하게 한다. 내가 무심코 하는 말들이 실은 나의 운명을 결정하고 있다. 내가 사용하는 말을 가장 많이 듣고 있는 사람은 나 자신이다. 내 인생의 메인 멜로디는 내가 가장 많이 사용하는 말이다. "자신을 사랑하고 타인을 사랑하며 웃는 얼굴, 상냥함으로 살아간다. 사람의 험담은 결단코 입게 올리지 않는다. 장점을 칭찬하도록 한다", "이것이 삶을 살아가는 백광의 전사의 사명이다"라는 말씀은 내 안의 깊은 어둠과 추운 곳을 밝게 비춰주며 나를 깨어나게 만들었다. 깨어난 나는 가볍고 즐겁게 매일을 살아간다. 마치 폭신한 구름 위에서 얼굴에 턱을

괴고 두 다리를 흔들면서 세상을 내려다보는 기분으로 말이다

　나는 시나가와의 그랜드프린스호텔의 파티에서 히토리 상을 만났다. 그다음 날 신주쿠의 기노쿠니야 서점에 들러 책을 둘러보고 스타벅스에서 커피를 마시며 히토리 상의 책을 읽었다. 이상하게 하염없이 눈물이 흘러내렸다. 고장 난 수도꼭지처럼 눈물이 멈추지 않고 흘렀다. 나는 무엇을 꿈꾸었고 나는 무엇을 이루었는가! 나는 히토리 상을 만나고 싶다는 꿈을 이루었다. 그리고 내 안의 상처들은 흘러내리는 눈물 속에서 치유되고 있었다. 그래서 나는 도쿄를 사랑한다. 내가 무엇을 꿈꾸었든 모든 장면이 도쿄에 녹아 있다. 내 꿈을 이루게 해준 도쿄는 떠올리기만 해도 언제나 설레는 곳이다.

소소하지만 확실한 행복이
녹아 있는 도쿄

하루의 일과를 끝내고 녹진해진 몸을 이끌고 집으로 들어와서 시원하게 샤워를 마친 후에 들이켜는 한 잔의 맥주는 꿀맛이다. 하루 종일 매달린 일이 나의 사명인가? 아니면 일과를 마친 후에 들이켜는 한 잔의 맥주가 나의 사명인가? 이 질문에 나는 한 잔의 맥주를 들이켜는 것이 나의 삶을 살아가는 사명이라고 말하고 싶다.

우리는 학교를 마치고 직업을 갖는다. 그리고 결혼해서 가족을 이룬다. 가족과 동거 동락하며 스스로 자처한 굴레에 얽매어 살아간다. 최고가 되기 위해 열심히 일하고 가족을 먹여 살리기 위해 아니면 나 자신의 생존을 위해 열심히 살아간다. 그러다 결국 공허함을 느끼고 상실감을 느끼며 방황하곤 한다. 마치 이미 짜여진 프로그램에 따라 살아가다가 바이러스에 걸린 듯이 늙고 병들어버리고 마는 것이다. 그리고 그때서야 생각난듯 질문한다. '나는 누구인가? 나는 어떻게 살아가야 하는가?' 같은 원초적인 질문들 말이다.

나의 진정한 본성은 절대 훼손될 수 없는 신성한 것이다. 신성으로 살아간다는 것은 무엇인가? 사랑과 기쁨으로 살아가는 것이다. 매일 아침 눈뜨는 것에 감사하고, 한 잔의 물을 마실 수 있음에 감사한다. 봄에 피는 꽃들을 볼 수 있음에 감사한다. 매 순간을 감사하는 마음으로 살아간다면 나의 영혼이 잘하고 있다며 기뻐하고 선물을 한가득 내려줄 것이다.

〈심야 식당〉이라는 일본 드라마가 있다. 드라마의 시작은 항상 신주쿠의 불야성 밤거리를 찬찬히 비춰주며 시작한다. 화려한 네온사인 불빛은 술 취한 듯 흐느적거리는 도쿄의 밤을 녹이는 듯하다. 그 화려한 거리 뒷골목에서 밤 12시에 불을 밝히며 하루의 일과를 시작하는 곳이 심야 식당이다. 메뉴는 소박하다. 그리고 재료가 있으면 메뉴에 없는 음식도 그때그때 손님이 원하는 것을 만들어준다. 이런 곳에 과연 손님이 올까 생각되지만 의외로 손님이 있다.

신주쿠역 동쪽 출구에서 걸어서 7분 거리에 신주쿠 골든가이라는 뒷골목이 있다. 좁은 골목들 사이로 음식점과 술집이 다닥다닥 붙어 있다. 원래는 전쟁 후에 생필품을 파는 암시장이 있었던 곳이다. 하루의 마무리를 위해, 술 한잔을 기울이기 위해 특히나 피곤한 도쿄 사람들로 북적대는 곳이다. 이곳은 원래 단골 손님만 받는 가게들이 많았다. 하루의 일과를 함께 마무리 짓는다는 의미다. 가게 주인도 손님도 익숙함이 주는 편안함과 서로의 선을 넘지 않는 적당한 거리감에 안심하며 관계를 맺어가는 것이다. 그래서 이곳은 관광객들이 문전박대를 당할 수도 있다. 설렘과 낯설음이 주는 자극보다는 익숙한 편안함이 주는 매력을 더 추구하는 곳이기 때문이다.

드라마에서 심야 식당을 찾는 사람들은 직업도 다양하다. 밤에 주로 일하는 택시 운전사도 있고, 심야 방송을 진행하는 셀럽도 있다. 이제는 한물간 공연 전문 스탠딩 코미디언도 있다. 특히나 신주쿠 뒷골목은 호스트바의 호스티스들도 많다. 하루 종일 각자의 인생이라는 무대에서 힘껏 연기하다가 화장과 분장을 지운 후 심야 식당의 문을 드르륵 열고 들어서는 것이다. 심야 식당의 작은 공간에서 술 한잔을 기울이며 자신의 사명을 다하는 것이다.

도쿄의 면적은 서울의 3배 이상이고, 인구는 1,300만 명에 육박한다. 신주쿠에는 도쿄 도청이 있는데, 신주쿠의 랜드마크이며 높이 243미터인 제1청사는 파리의 노트르담 성당을 본따서 설계했다. 도청 건물의 45층에는 누구나 무료로 관람할 수 있는 전망대가 있다. 날씨가 좋을 때는 저 멀리 아름다운 후지산까지 볼 수 있다. 같은 모양에 높이만 다른 신주쿠 파크타워는 도쿄 도청과 같은 사람이 설계했다. 북동쪽으로는 스카이트리가 보이고, 남동쪽으로는 도쿄타워까지 보이는 도쿄의 경치 맛집이라고 할 수 있다.

빌딩숲 사이에는 군데군데 거대한 녹지가 보이는데 가장 넓은 면적을 차지하는 곳이 신주쿠 교엔이다. 신주쿠구와 시부야구에 걸쳐 있는 드넓은 녹지로 에도 시대에는 권력자의 정원으로 사용되었던 곳이다. 1,300그루의 벚나무가 자라는 대표적인 벚꽃 명소이기도 하다.

신주쿠역 동쪽 출구에서 걸어서 3분 정도에는 일본에서 가장 규모가 큰 디즈니 플래그십 도쿄가 있다. 2021년 12월에 오픈한 곳으로 도쿄에서도 핫플레이스다. 지하 1층에서부터 3층까지 디즈니, 픽사, 마블의 영화는 물론 〈스타워즈〉 등의 관련 제품을 만날 수 있어 마치 영화속 주인공이 된 듯한 설렘을 한가득 느낄 수 있다. 각종 이벤트에 맞춰 상품 구성이 수시로 바뀌는 장점이 있어서 언제 가도 신선함이 가득하다.

신주쿠에서 빼놓을 수 없는 것이 바로 기노쿠니야 서점이다. 일본을 대표하는 서점이라고 할 수 있는 기노쿠니야 서점은 1927년에 창업했다. 나는 일본인들이 버스를 기다리며 줄을 서서 책을 읽고 있는 모습에 많은 감동을 받은 적이 있다. 추운 겨울이었는데 사람들은 춥다고 호들갑도 떨지 않고 차분히 줄을 서서 조그만 문고판 책에 시선을 집중하고 있었는데, 그 모습이 참 인상 깊었다. 물론 지금은 지하철을 타면 10명 중 2명 정도는 책을 읽고 6명 정도는 스마트폰을 하고 2명 정도는 잠을 잔다. 그래도 일본에서는 여전히 책을 읽는 사람이 많다. 그래서 나는 신주쿠에 가면 기노쿠니야 서점에서 많은 시간을 보내고는 한다. 다양한 사이즈의 책을 보는 것도 즐겁고, 무엇보다 책을 읽으며 집중하는 사람들을 보는 것도 즐겁기 때문이다.

신주쿠의 화룡정점이라면 일본 내에서 가장 오래된 백화점인 이세탄 백화점일 것이다. 1886년 포목점으로 시작해서 백화점의 신화를 쓴 이세탄 백화점은 1933년에 문을 열었다. 매년 3,000만 명이 넘게 방문하는 신주쿠의 이세탄 백화점은 전 지역 매출의 60%에 달할 정도다.

처음 이세탄 백화점을 방문했을 때 패션 매장에서 일하는 직원들의 멋진 용모에 마음을 빼앗겼던 적이 있다. 모델처럼 멋지고 세련된 직원들이 매장을 빛내고 있었다. 2층의 스타벅스에서 신주쿠 거리를 내려다보는 것 또한 빼놓을 수 없는 즐거움일 것이다.

화려한 네온사인 속에 살아가지만 일면으로는 냉정하고 고독해 보이는 도쿄 사람들의 모습은 일본의 단면을 보는 듯하다. 자신의 하루를 마무리하기 위해 어딘가로 향하는 그들의 발걸음은 느릿하면서도 여유롭다. 익숙하면서도 소박한 음식을 먹기 위해 어딘가의 심야 식당으로 그들은 향하고 있는 것이다.

한때 소소하지만 확실한 행복이라는 의미의 '소확행'이라는 말이 유행처럼 번지던 때가 있었다. '큰 야망을 가지고, 결코 포기하지 말자', '열심히 살자'라는 구호에 지칠 때 쯤 나오기 시작한 말이다. 열심히 살기보다는 즐겁게 살아야 한다. 이제는 나라와 국가를 위해 자신의 행복을 희생하는 시대가 아니다. 한 명 한 명 각자의 행복을 추구해나가야 하는 시기다. 자신의 행복에 책임을 져야 하는 것은 그 누구도 아닌 자신임을 우리는 모두 알고 있다. 집단의식이 성장하려면 개인의 의식이 성장해야 한다.

그 누구보다도 열심히 살고 치열하게 살아야 하는 도쿄 사람들은 작지만 소소한 자신의 확실한 행복을 느끼며 살아가는 것이 더 중요하다는 사실을 알고 있는 게 아닐까? 도쿄인들은 일면 차갑고 까다로워 보이기도 한다. 전 세계에서 가장 물가가 높고 일본 내에서도 가장 빠르게 돌아가는 도쿄에서의 삶은 녹녹치 않을 것이다. 하지만 그들은 도쿄의 생활이 힘들어도 결코 포기하지 않는다. 왜냐하면 일본 내에서 가장 개인적인 즐거움을 추구할 수 있는 곳이 바로 도쿄이기 때문이다.

아침에 일어나면 분주한 거리에서 모닝 커피와 브런치를 먹을 수 있는 곳이 가득하고 바쁘게 돌아가는 도쿄의 공기를 마시는 것만으로도 내가 세상의 중심에 있다는 자부심을 느낄 수 있기 때문이다. 그래서 많은 젊은이들이 지금도 도쿄로 모이고 있다. 그리고 그들이 도쿄를 사랑하는 만큼 도쿄는 소소한 개인의 즐거움을 만족시키기 위해 다양한 아이템을 매일같이 쏟아낼 것이다. 소소하지만 확실한 행복이 녹아 있는 도쿄는 지금도 성장 중이다.

이 맛에
도쿄 간다

　도쿄는 우리의 욕망을 가장 잘 충족시켜주는 도시다. 어느 날 어딘가로 훌쩍 떠나고 싶다면 무작정 도쿄행 비행기를 타고 떠나보자. 갑자기 시간이 비어 있고 그리고 저가항공 비행기의 티켓이 폭탄세일이라도 한다면 바로 티켓을 끊고 도쿄로 떠나자. 도쿄는 절대 당신을 따분하거나 외롭게 하지 않을 것이다. 도쿄에 도착하는 순간부터 우리의 오감은 수많은 감각적 즐거움으로 분주해질 것이다.

　도쿄는 공원도 많고 박물관도 많다. 전 세계 모든 특별한 음식들도 맛볼 수 있다. 이 세상은 점점 좋아지고 있고, 우리의 미래는 밝다는 희망찬 메시지가 도쿄에는 가득하다. 세련된 선진문화의 힘을 느끼며 지적인 욕구를 충족시킬 수 있다. 꿩도 먹고 알도 먹을 수 있는 곳이다. 주머니 사정이 가볍다면 저렴한 캡슐호텔에 묵어도 좋다. 숙소는 그리 중요하지 않을 것이다. 왜냐하면 도쿄는 항상 분주함이 가득 찬 곳이기 때문이다.

가장 중요한 교통수단은 두 다리다. 튼튼한 다리를 가졌다면 무작정 걸어보기로 작정하자. 우에노 공원부터 시작하는 것이 좋다. 우에노 공원은 입장료가 없다. 천천히 길을 따라 걷다 보면 연꽃 호수에 잉어와 자라가 서식하는 것을 볼 수 있다. 분주히 출근하는 사람들, 강아지를 데리고 산책하는 사람들도 볼 수 있다. 더불어 안쪽에 설치된 벤치에서는 소주를 마시고 있는 노숙인들도 볼 수 있다.

일본인들은 노숙인에게 일말의 동정도 보이지 않는다. 배려 있고 상냥한 일본인이지만 의외로 굉장히 냉정하다. 수치스러움을 가장 부끄럽게 여기는 일본인들은 가족에게조차도 의존하지 않는다. 비록 경제적인 문제로 노숙을 할지언정 가족에게 기대지 않는 것이다. 나는 예전에 노숙인들은 불쌍하게 바라볼 때가 있었다. 하지만 지구별의 삶이라는 것이 자기가 체험하고자 하는 인생을 계획해서 오는 수련장이라는 의식을 가진 후로는 그들을 바라보는 눈이 180도 바뀌게 되었다. 가장 낮은 위치에서 궁핍과 핍박의 체험을 하며 수련하는 그들이 진정 강인한 영혼의 소유자라는 생각을 갖게 된 것이다. 일본이라서 그럴까? 노숙하는 사람들도 의외로 깔끔한 외모를 하고 있는 경우가 많다.

우에노에는 일본 최초의 동물원이 있다. 지금 가장 인기몰이를 하고 있는 판다를 볼 수 있는 곳이다. 넷플릭스에서 많은 사랑을 받는 〈경이로운 지구〉라는 프로그램이 있다. 각종 동물들이 지구의 봄, 여름, 가을, 겨울의 주기에 맞춰 살아가는 모습을 그리고 있다. 나는 오랑우탄의 일생을 보며 숙연해졌다. 태어나서 삶을 살아가다 죽을 때가 되면 주변을 정리하고 조용한 곳을 찾아 은거한다. 그곳에서 저무는 해를 바라보며 오랑우탄은 결국 눈을 감았다. 조금이라도 생을 연명하기 위해 발악하지도 남은 생에 미련을 보이지도 않았다. 자연의 주기에 맞춰 태어나고 죽는 자연의 섭리를 있는 그대로 받아들이는 듯한 그 초연한 모습에 감동받았다.

사람들은 왜 동물들을 우리에 가두고 구경하는 것을 좋아하는 것일까? 비단 일본인만의 문제는 아닐 것이지만, 유독 일본인들은 박람회라든지 전시회 등을 좋아한다. 무엇이 되었든 대상물을 전시하고 비교하고 관찰하는 것을 좋아하는 것이다. 그러다가 뭔가 깨달음이 오면 무릎을 탁 치며 "나루호도!"라고 외치곤 한다. "아, 그렇구나!"라는 뜻이다.

예전에 일본인 친구가 한국을 방문했다. 그 친구는 한국의 정원을 보고 싶다고 이야기했다. 그래서 나는 한 수목원으로 데리고 갔다. 나는 그 친구와 삼나무숲을 거닐며 은은히 풍겨오는 흙냄새를 맡고, 상쾌한 공기를 마시면서 행복해하고 있었다. 뜬금없이 갑자기 친구가 "그런데 도대체 정원은 어디 있는 거야?"라고 물었다. 나는 실소를 금할 수 없었다. 일본인들은 '이것이 정원이다'라고 대상물을 가리켜줘야만 하는 것이다. 구체적인 대상을 바라보며 음미하고 상징성을 그려보는 일본인다운 질문인 것이다.

우에노에는 유독 박물관이 많다. 국립과학박물관, 도쿄도미술관, 국립서양미술관, 도쿄국립박물관이 모여 있다. 국립과학박물관의 전체 테마는 '인류와 자연의 공존을 바라며'다. 지구관과 일본관으로 나뉘는데 지구관에서는 지구의 탄생에서부터 현재에 이르기까지의 과정을 알기 쉽게 애니메이션으로 보여준다. 일본은 애니메이션의 강국답게 각종 광고판이나 안내 동영상이 애니매이션으로 방영되는 경우가 많다. 그래서 어린이들도 쉽게 이해할 수 있고 흥미를 느끼며 집중한다.

지하 1층부터 3층까지 공룡의 골격부터 각종 포유류의 박제품을 볼 수 있다. 실물 크기의 박제품을 통해 실제 쥐라기 시대로 되돌아간 듯한 스릴감마저 느끼게 한다. 지구관과 일본관은 연결되어 있어서 마치 지구의 중심은 일본이라는 것을 아이들에게 알려주기라도 하는 듯하다. 국립서양미술관은 로댕의 〈생각하는 사람〉의 조각품으로 시작된다. 1959년에 개관한 국립서양미술관은 프랑스의 건축가인 르 코르뷔지에(Le Corbusier)가 설계했다. 르 코르뷔지에의 뛰어난 작품성을 인정받아 2016년 유네스코 세계문화유산에 지정되기도 했다. 국립서양미술관 설립의 원점은 가와사키 조선소와 고베 신문사 등을 이끈 마츠카타 코지로(松方幸次郎)가 20세기 초에 구축한 컬렉션을 바탕에 두고 있다. 그는 메이지 시대에 총리대신을 두 번 역임한 마츠카타 마사요시의 셋째 아들로 가고시마에서 태어나 미국의 예일대학을 졸업한 후 총리대신인 아버지의 비서관을 거쳐, 1896년 가와사키 조선소의 창업주로부터 경영권을 인계받아 초대 사장으로 취임한다. 이후 1928년 사임할 때까지 회사를 발전시켰고, 특히 제1차 세계대전을 배경으로 하는 스톡보트 판매가 성공해 사업을 크게 성장시켰다.

마츠카타는 1916년쯤부터 미술품을 수집하기 시작해 10년 사이에 런던, 파리 등 현지 협력자들과 함께 적극적으로 작품을 구입한다. 영국과 프랑스의 근대 미술을 중심으로 한 그 컬렉션은 폭넓은 장르로 구성되어 있고, 지역과 시대도 다양하다. 8,000점에 달하는 우키요에를 포함해 총 1만 점이 넘는 규모의 일명 '마츠카타 컬렉션'으로 그는 일본 최초의 상설 서양미술관을 만들고자 했다. 서양 미술을 배우고 이해하는 것은 일본인이 서양 사람들의 정신과 사고방식을 이해하는 일과 관계가 깊다고 여겼기 때문이다.

그러나, 관동대지진과 그 뒤를 이은 쇼와 금융공황을 계기로 1927년에 가와사키조선소가 경영난에 빠지면서 그는 사장직을 사임하고, 컬렉션도 사방으로 흩어지게 되었으며 미술관 설립의 꿈은 무산되었다. 부채 상환을 위해 매각되거나 화재로 작품이 소실되는 불운을 겪었고, 파리에 보관되어 있던 프랑스 근대미술을 중심으로 한 작품들은 제2차 세계대전 말기에 프랑스 정부에 몰수되어 샌프란시스코 평화조약에 의해 프랑스가 소유하게 된다. 그 후 일본과 프랑스 정부 간 협상 끝에 370점 정도가 일본으로 기증 반환이 결정되었고, '마츠카타 컬렉션'을 보관, 전시하기 위한 미술관으로 1959년 4월 국립서양미술관이 설립되었다.

한 개인의 집념과 열정이 한 나라 문화의 수준을 높이는 데 얼마만큼 기여할 수 있는지를 잘 알 수 있는 이야기다. 일본은 국민소득 4만 달러의 선진국이다. 지금의 일본이 있을 수 있는 이유는 서양의 문화를 빨리 받아들였기 때문이다. 앞서 있는 서양의 기술과 예술을 일본은 동경했다. 그리고 그 모습이 가장 잘 반영된 곳이 도쿄다. 가장 세련되고, 가장 복합적인 일본인들의 욕망이 잘 드러나 있다. 그 덕분에 우리는 멀리 유럽을 가지 않더라도 도쿄에서 동양과 서양의 최고급 문화를 바라보고 즐길 수 있는 것이다. 도쿄의 미술관 하나를 가더라도 일본이 가지고 있는 문화의 힘을 여실히 느낄 수 있다. 이 맛이 우리가 도쿄를 방문하는 이유다.

5장

규슈
천의 얼굴,
일본 신화의 성지

도자기,
지금의 일본을 만들다

규슈(九州)는 우리나라와 가장 가까운 곳에 위치하고 있는 일본 섬으로 이름대로 아홉 개의 현이 있다. 일본 열도를 구성하는 네 개의 섬 중에 3번째로 크고 가장 남쪽에 있다. 크기는 우리나라의 전라도와 충청도를 더한 정도다. 부산에서 300킬로미터 정도밖에 떨어져 있지 않다. 인천공항에서 후쿠오카까지의 비행 시간은 한 시간 정도다. 한 시간만 비행기를 타면 갈 수 있는 가장 가까운 외국 중의 한 곳이다. 규슈는 일본 여행을 처음 계획하는 분들이 가장 많이 떠나는 곳이기도 하다.

규슈의 매력은 뭐니 뭐니 해도 불의 나라와 물의 나라가 공존한다는 점이다. 마치 부처님이 누워 있는 형상을 한 아소산(阿蘇山)은 아직도 언제 분화할 줄 모르는 활화산이다. 부처님의 얼굴에 해당하는 고마카다케로부터 가슴을 지나 배꼽 부분의 나카다케는 저 멀리서도 분화하는 연기를 바라볼 수 있다. 고메츠카(쌀 무덤)라는 거대한 분화구와 쿠사센리(풀밭)라는 광활하게 펼쳐지는 풀밭은 드라이브 코스로도 인기 만점이다.

구불구불 첩첩이 둘러쌓인 구주산(九重山)과 아소산은 규슈 북쪽의 대표적인 명소다. 수만 년 전에 거대한 폭발이 있었고, 용암과 마그마가 흘러 흘러 구주산을 형성했다. 지하의 뜨거운 마그마가 지반을 녹이며 지하수를 데우고 벌어진 지각판 틈 사이에서 온천이 터져 나오는 곳이 바로 오이타현의 벳부다. 우리나라 정주영 회장이 가장 좋아했던 곳이 벳부라고 하는데, 478개의 온천 분화구가 있다. 1분당 2리터의 온천수가 콸콸 넘쳐 흐른다. 80퍼센트는 벳부만으로 다 흘러간다. 자고로 여행은 산 좋고, 물 좋고, 경치 좋은 곳이 최고가 아니겠는가!

나 또한 출장으로 가장 많이 가는 곳이 규슈다. 그래서 규슈에 가면 마치 친정집에 온 듯한 편안함과 친근감을 느끼기도 한다. 초보 가이드일 때는 이동 거리가 많은 규슈가 힘들기도 했다. 그랬던 내가 어느 순간 구주산의 삼나무숲을 바라보며 저 멀리 펼쳐지는 풀밭에서 소와 말이 풀을 뜯어 먹는 모습을 흐뭇하게 바라볼 정도가 되어버렸다.

규슈는 크게 북규슈와 남규슈로 나뉜다. 대부분의 관광 상품은 북규슈를 위주로 이루어진다. 후쿠오카시로 입국해서 구마모토의 아소산을 보고 오이타의 유후인과 벳부를 본 후 다시 후쿠오카시로 돌아가 출국한다. 일본 여행을 처음 오는 분들에게 일본의 매력을 보여줄 수 있는 좋은 코스다. 다만 비가 오거나 날씨가 흐리다면 힘들게 아소산을 올라가도 아무것도 못 볼 수 있다. 3시간의 구불구불한 산길을 힘들게 버스를 타고 올라갔는데 비가 와서 아무것도 못 본다면 얼마나 큰 실망감이 들겠는가! 그래서 그때 내가 하는 필살기 멘트가 있다. "여행은 무엇을 보느냐가 중요한 게 아닙니다. 누구랑 함께하느냐가 중요합니다." 실망한 손님의 마음을 위로해드리는 게 가이드의 역할이 아니겠는가?

규슈는 우리나라와 거리상 가까운 만큼 역사적 인연이 가장 깊은 곳이기도 하다. 어찌 그렇지가 않겠는가? 규슈에서 도쿄에 가는 것보다 규슈에서 한국에 오는 것이 더 가깝다. 그래서 구마모토현의 도지사는 자신의 도지사 출마 공약에서 '인천공항과 구마모토 공항의 직항편을 만들겠다'고 약속했다. 결국 도지사에 당선되었고 티웨이를 통한 인천공항 직항노선이 생겼다. 그리고 구마모토 공항에서 시내까지 이용하는 버스 요금도 할인이 된다. 규슈를 여행하는 항공 노선이 늘었다는 건 참 반갑고 기쁜 소식이 아닐 수 없다.

사가현에는 '규슈 올레길'이 있다. 제주도의 올레길이 핑크빛이라면 사가현의 올레길은 노란색이다. 제주도에 로얄티까지 주면서 올레길이라는 명칭을 가져온 것이다. 사가현은 무엇 때문에 한국의 이미지를 도용한 것일까? 사가현의 공항에 가면 깜짝 놀라게 된다. 작은 공항임에도 불구하고 한국 식품과 특산품을 파는 한국 식품관이 있는 것이다. 그들이 얼마나 한국에 호의적인지 알 수 있는 부분이다.

사가현에 위치한 아리타 도자기 마을에는 이삼평 도공 14대손의 갤러리가 있다. 나는 초창기에 손님들과 아리타 도자기 마을에 가면 의례적으로 갤러리에 방문하고는 했다. 밥 그릇 하나에 5만 원 정도였는데, 도자기 그릇에 밥을 먹으면 밥맛이 참 좋았다. 기분 탓이라고 생각할 수도 있다. 하지만 도자기 그릇은 밥의 온도와 습도를 잡아주기 때문에 밥맛을 좋게 한다고 한다. 음식을 어떤 그릇에 담아서 먹느냐가 음식의 맛을 결정하는 중요한 부분이다. 커피도 종이컵이나 플라스틱컵보다는 도자기 커피잔에 마셔야 커피의 깊은 맛을 음미할 수 있다.

아리타에는 도조(陶祖) 이삼평 도공의 신사인 도조 신사가 있다. 이삼평 도공은 임진왜란 때 일본에 끌려가서 일본 최초의 백자인 '아리타야키'를 만드신 분이다. 20세에 끌려가 37세에 도자기를 빚을 흙을 찾아 헤매다가 아리타 지역의 이즈미 산사라는 곳에서 백광토를 발견한다. 이상평 도공은 75세에 돌아가셨다. 이삼평 도공은 아리타 도자기의 전권을 가졌고 사무라이급의 대우를 받았다.

원래 일본은 도자기를 굽는 기술이 없었다. 녹차를 마실 때도 나무를 깎아서 만든 사발에 차를 마셨다. 조선의 도공들이 일본에 건너와서 도자기 굽는 기술을 전수해주게 되는데 일본은 도자기 굽는 기술을 400년에 걸쳐서 화려하게 꽃피웠다. 조선의 평민들이 부뚜막에 올려놓는 밥그릇 같은 이도다완을 일본에서는 국보로 여긴다. 도자기를 굽는 기술은 반사로라는 철을 만드는 기술과도 연관된다. 철을 녹이는 제철로도 연결되고 대포를 만드는 기술까지 발전된다. 도자기를 만드는 기술이 일본의 근대화 촉진에 영향을 미친 것이 틀림없다.

도자기에 열광한 것은 비단 일본만이 아니었다. 유럽은 동양의 도자기에 홀딱 빠지게 되는데 아리타야키를 사랑했던 것은 프로이센의 아우구스트스 황제였다. 자신의 궁전에 도자기 박물관을 만들어놓기도 했다. 유럽의 왕실과 귀족은 누구나 할 것 없이 왕실의 파티를 여는 장식품으로 도자기를 전시하고, 귀부인들은 초콜릿을 마실 때도 아리타야키 도자기 찻잔을 애용했다. 이에 프로이센의 아우구스트스 황제는 연금술사를 불러 도자기를 만들 것을 지시한다. 결국은 몇 번의 실패 끝에 도자기를 만들게 되는데, 유럽의 최초의 도자기인 마이슨 도자기다. 흰색 백자에 푸른색 안료로 문양을 넣은 청화백자를 연상시킨다. 마이슨 도자기의 로고가 두 개의 칼이 교차하는 쌍칼 문양인 걸 보면 유럽인들이 도자기를 만드는 데 얼마나 목숨을 걸었는지를 엿볼 수 있다.

기본적으로 유럽의 토질은 도자기를 만드는 데 그리 좋지 않다. 그래서 중간에 굽다가 깨지고는 하는데 그것이 바로 타일이다. 유럽의 중산층은 알록달록한 타일 장식으로 집안을 치장했다. 우리가 유럽에 가면 놀라는 것 중 하나도 알록달록한 스테인드 글라스의 아름다움이 아닌가! 도자기와 마찬가지로 유리 또한 높은 온도에서 녹이는 기술을 사용한다는 점에서 동일하다. 도자기는 유럽의 왕실과 귀족을 한순간에 매료시켰다. 그들은 앞다투어 아리타 도자기를 사들였고 자신의 궁전에 박물관과 전시관을 만들며 경쟁하듯이 도자기 사랑을 과시했다.

나는 손님들에게 일본 여행을 할 때 어깨를 펴고 당당히 여행하시라고 말씀드린다. 지금의 일본을 만든 건 조선의 도공이 만든 도자기다. 일본이 메이지 유신을 성공할 수 있었던 이유는 도자기 때문이다. 도자기를 팔아 유럽에서 떼돈을 벌어들였다. 그 돈으로 무기를 사고 그 무기를 이용해서 막부를 쓰러뜨린 것이다. 일본이 우리보다 앞서간 이유가 무엇인가? 일본이 우리나라보다 먼저 메이지 유신이라는 근대화 혁명을 성공했기 때문이다. 조선이 병인양요와 신미양요를 거치며 영국, 미국 세력을 물리치고 쇄국정책을 일관하며 나라의 빗장을 꽁꽁 걸어 잠글 때 일본은 서양 세력의 문화를 빨리 받아들였다. 그리고 서양의 발전된 기술력을 바탕으로 한 총, 대포 등의 무기를 사들인다. 그 막대한 비용은 바로 유럽에 아리타 도자기를 팔아서 벌어들인 자금이었다. 무기를 사들인 번들은 그 앞선 총포의 화력을 이용해서 도쿠가와 막부를 무너뜨렸다.

아리타 도자기가 없었다면 지금의 일본은 없다. 만약 도자기의 아름다움에 눈뜨게 된다면 일본이 얼마나 각 지방마다 도자기가 많고 가마터가 많은지 깜짝 놀라게 된다. 그래서 도자기를 구경하는 재미에 맛을 들이게 된다면 일본의 어느 대도시나 지방의 소도시를 가도 행복하게 여행할 수 있다. 왜냐하면 일본은 도자기의 나라이기 때문이다. 그리고 그 도자기를 만드는 기술을 전수해준 것은 조선의 도공들이라는 사실을 잊지 말자. 지금의 일본을 만든 건 조선의 도공들이라고 해도 과언이 아닌 이유다. 일본은 조선 도공들의 후손들에게 마땅히 경의를 표해야 할 것이다.

도자마 다이묘,
세상을 바꾸다

　가이드들은 누구나 자신만의 필살기 멘트를 가지고 있다. 단체여행은 안내하는 가이드와 손님들의 합이 중요하다. 손님들의 마음을 열고 신뢰를 얻어야 가이드는 자신 있게 매력과 끼를 발산할 수 있다. 가이드가 자신 있게 투어를 진행할 때 버스의 분위기는 활력을 얻고 여행을 오신 손님들의 즐거움도 배가되는 법이다. 그래서 가이드와 손님은 함께 즐거워야 한다. 안내자와 손님들이 함께 존중하고 호의를 베풀 때 패키지 여행의 장점이 빛을 발하게 된다.

　나의 필살기 멘트는 바로 '구마모토성'과 '라스트 사무라이' 이야기다. 규슈는 사실 역사이야기가 많이 필요한 곳은 아니다. 대자연인 아소산, 구주산 그리고 뱃부, 유후인 등 자연과 온천이 주를 이룬다. 자연히 손님들도 장년층의 어르신들이 대부분이다. 여행은 공부하러 오는 것이 아니다. 지친 몸과 마음을 충전하고 힐링하기 위해 오는 것이다. 하지만 인간은 지적인 욕구 또한 가지고 있는 동물이다. 지금 내가 여행하는 곳이 과거에 어떤 인물들이 살았고, 어떤 스토리가 있었는지 알게 된다면 여행에 재미를 더하게 된다. 의미에 재미까지 더한다면 그 자체가 힐링의 효과를 주지 않겠는가?

역사는 알면 알수록 아이러니해서 재미있다. 돌고 돌아 반복되는 흐름을 가지고 있는 점도 재미있다. 그래서 지나온 역사를 공부하며 다가올 미래도 대비할 수 있다. 반복적인 일들이 발생하기 때문이다. 역사를 소중히 여기고 거기에서 지혜를 얻는 것이 우리 미래를 위한 소중한 자산이 될 것이다.

구마모토성은 최고의 사무라이였던 가토 키요마사(加藤淸正)가 지은 성이다. 임진왜란 때 도요토미의 오른팔이었던 가토 키요마사는 전쟁에서 대패한 후 죽을 고비를 넘기며 간신히 자신의 고향인 구마모토로 살아 돌아왔다. 패전한 장군의 말로가 어땠겠는가? 불을 보듯 뻔하지 않은가? 먹을 것이 없어서 오줌을 받아 마시고 고구마줄기를 캐 먹으며 겨우 목숨을 부지하며 탈출에 성공했다. 너무나 고통스러운 경험이었다. 그래서 가토는 자신의 고향으로 돌아와서 다시는 전쟁이 주는 패배의 쓰라림을 겪지 않으리라고 결심한다. 그래서 한국 성의 장점과 일본 성의 장점을 이용해 가장 강력한 전투성인 구마모토성을 축성하게 된다.

일본에는 3대 성이 있다. 오사카성, 나고야성, 구마모토성이다. 오사카성, 나고야 성이 최고의 권력자였던 도요토미 히데요시와 도쿠가와 이에야쓰가 축성한 성이라면 구마모토성은 일개 중급 사무라이에 불과했던 가토 키요마사가 축성한 성이다. 구마모토성은 화려함이나 규모 면에서는 앞의 두 성과 비교할 수 없지만 전투를 대비해 만들어진 최고의 철옹성이다. 그 가치를 인정받아 두 명의 최고의 권력자와 어깨를 나란히 하게 된 것이리라.

구마모토성은 일명 '은행나무성'이라고도 불린다. 처음 축성했을 당시에는 은행나무를 500그루를 심고, 식수 용도로 사용할 우물을 100개 팠고, 고구마줄기도 심었다. 전투는 성 안에서 얼마나 오래 버틸 수 있느냐에 따라서 승패가 좌우된다. 그래서 가토는 먹을 식량과 물을 충분히 확보하고자 한 것이다. 자연 지형인 오르막과 내리막을 이용해 적이 성으로 진격할 때, 그리고 적이 도망칠 때 몰살시킬 수 있는 구조로 만들었다. 벽면에는 총구를 팠다. 적군은 성을 기어오를 수도 없다. 일본 최고의 난공불락 요새의 탄생이었다. 가토 키요마사는 마침내 자신의 꿈을 이뤘다.

사이고 다카모리와 오쿠보 도시미치는 메이지 유신을 함께 성공시킨 단짝이었다. 하지만 정작 메이지 유신이 성공하고 나자 두 사람은 각자 다른 길을 걸어가게 된다. 우리나라의 전두환 대통령과 노태우 대통령이 유신을 함께 도모했지만, 그 후에 노태우 대통령이 전두환 대통령을 백담사로 보낸 일과 비슷하다고 할 수 있다.

오쿠보 도시미치는 빠른 개혁을 원했고 사이고 다카모리는 사무라이의 신분을 유지시키며 천천히 개혁하기를 원했다. 결국은 개혁파와 보수파의 마지막 전투가 일어나는데 그 최후의 격전지가 바로 구마모토성이다. 사이고 다카모리를 중심으로 한 결사대 2만 명과 근대화 무기로 무장한 오쿠보 도시미치가 맞붙은 세이난 전쟁이다.

오쿠보 도시미치는 구마모토성 안에 주둔했다. 사무라이 결사대가 목숨을 걸고 전투를 치뤘지만 철옹성인 구마모토성을 함락시킬 수 없었다. 최고의 사무라이인 가토 키요마사가 구마모토성을 너무나 잘 만들었기 때문에 최고의 사무라이인 사이고 다카모리는 죽을 수밖에 없었다. 전투에 패배한 사이고 다카모리는 자신의 고향인 가고시마로 낙향해서 할복으로 생을 마감한다. 사이고가 남긴 마지막 말은 "내가 가토 공한테 졌다"라는 말이었다.

나는 손님들께 사이고 다카모리의 이야기를 하며 그가 얼마나 뜨거운 정신을 가진 사무라이였는지 이야기하곤 한다. 사무라이의 정신을 지키고자 마지막까지 영혼을 뜨겁게 불태운 그의 이야기를 하며 구마모토성을 안내한다. 예전에는 사이고 다카모리가 구마모토성에서 죽었다고 이야기를 하기도 했는데, 입장권을 끊고 들어가는 입구에서 꺾어지는 밀폐된 공간은 사무라이들을 몰살시킨 곳이다. 그곳에서 나의 이야기를 듣던 손님들은 눈물을 글썽이며 연신 고개를 끄덕였다. 사실 그가 어디에서 죽은 것이 뭐 중요하겠는가? 그의 뜨거운 인생이 역사의 큰 소용돌이 속에서 불꽃처럼 타올랐다가 죽었다는 것이 더 감동이지 않겠는가? 여행을 즐겁게 하는 방법은 역사의 진실에 너무 초점을 맞춰서는 안 된다는 것이다. 인물의 스토리와 감동을 주는 요소가 중요한 것이다. 결국 라스트 사무라이가 죽고 난 후 일본의 근대화는 박차를 가하게 된다.

도쿠가와 이에야스는 자신이 천하를 통일하자 자신의 측근들은 신판 다이묘 그리고 후다이 다이묘라 해서 에도 근처에서 살게 한다. 그리고 세키가하라 전투가 끝난 후 자기 쪽으로 넘어온 다이묘들은 도자마 다이묘라고 해서 저 멀리 규슈에 살게 했다. 그리고 정치적으로도 소외시키며 배척했다. 그리고 도자마 다이묘의 처와 자식들을 인질로 잡아놓고서 2년에 한 번씩 문안 인사를 오게 했다. 도자마 다이묘들의 힘과 권력을 누르고자 했던 것이다. 규슈에서 에도까지 한 번씩 문안 행차를 오려면 얼마나 힘들었을까?

소외되고 배척되었던 도자마 다이묘들은 도쿠가와 막부의 천하에서 숨죽이고 살아야만 했다. 무려 260년이라는 인고의 시간을 보내야 했다. 그래서 그런지 규슈는 사실 큰 볼거리가 많지 않다. 일본 내에서 세계문화유산도 많지 않은 곳이다. 도쿄나 오사카에 비하면 촌스러운 시골로 치부되기도 한다. 하지만 그런 규슈가 지금의 일본을 만든 것이다. 에도에서 멀리 떨어져 있었던 만큼 도쿠가와 막부의 감시에서 어느 정도 자유로웠고 무엇보다 조선에서 건너온 도공들이 전해준 도자기 기술을 가지고 있었다. 그리고 유럽의 선진문화가 가장 먼저 도착한 곳도 규슈다. 그래서 억눌리고 굴욕적인 시간을 견뎌야 했던 도자마 다이묘들이 메이지 유신이라는 일본 역사의 가장 큰 사건의 주인공이 될 수 있었으리라. 인생 또한 마찬가지 아니겠는가? 결핍이 성공의 큰 자산이 된다. 시련과 고난이 큰 축복이 된다. 사람은 시련을 받는 만큼 강해진다. 근육을 키우려면 상처와 압을 주어야지만 더 단단해지는 것이다.

규슈는 도자마 다이묘들의 후손들이 살고 있는 지역이다. 그래서 규슈인들은 완고하고 보수적인 면이 강한 것도 사실이다. 지금의 일본은 규슈 지역에 기반을 두고 있는 도자마 다이묘들이 집권하고 있다고 봐도 무방하다. 그들은 메이지 유신을 성공시켰고, 장기 집권에 성공했다. 그들은 그 옛날 도요토미의 충신 가문들이었다. 그래서 그들이 성공하자 죽어 있던 간사이 지역을 다시 살렸다. 지금 오사카, 나라, 교토를 포함한 간사이 지역의 관광이 가장 인기 있는 이유는 도자마 다이묘들이 집권한 후 자신의 주군의 본거지인 오사카성을 재건하고 교토를 특별 관광구역으로 지정하며 힘을 불어넣었기 때문이다. 그래서 역사는 아이러니하다. 그리고 역사는 돌고 돈다. 승자가 패자가 되고 그 패자가 다시 승자가 되었다. 역사처럼 재미있는 것은 없다. 결국은 도자마 다이묘가 지금의 일본을 바꾼 것이다.

천의 얼굴,
일본 신화의 성지

우리나라의 단군 신화처럼 일본의 천손강림 신화의 시작은 규슈에서 비롯된다. 규슈 가장 남쪽에는 가고시마현이 있는데, 가고시마는 '쿠로 기리시마'라는 고구마 소주로도 유명하다. 일본의 소주는 도수가 무려 25도인 독한 술이다. 위스키 개념이라고 보면 된다. 간혹 소주를 좋아하는 한국 손님들은 일본에 와서 소주를 주문할 때 종종 애를 먹는다. 우리나라는 소주를 병으로 판매한다. 손님은 참이슬로 할지, 처음처럼으로 할지 브랜드만 고민하면 된다. 하지만 일본에서 소주를 주문하게 되면 일단은 종류를 선택해야 한다. 고구마 소주로 선택했다 치자. 그다음은 더 큰 난관이 기다리고 있다. 스트레이트로 마실 것인지, 얼음을 넣어 마실 것인지, 물을 타서 마실 것인지 선택해야 한다. 일본에서는 보통 소주를 한 잔씩 판다. 그래서 소주를 시키는 매뉴얼에 따라 하나하나 꼼꼼하게 물어보는 종업원에게 성질 급한 한국 손님은 필시 화를 벌컥 내고 말 것이다. "소주 한번 시키기 참 어렵네" 하고 말이다. 일본에 와서 가장 품질 좋으면서 가격도 착한 소주를 마시고 싶다면 가까운 편의점에 가서 가고시마의 고구마 소주인 '쿠로 기리시마'를 찾아보자.

가고시마현의 기리시마는 일본의 건국신화가 숨 쉬는 곳이다. 건국신화란 무엇인가? 한 나라가 가지고 있는 정체성을 알 수 있고, 국민의 정신을 하나로 묶어 큰 힘을 발휘하게 해주는 이야기다. 우리는 오랜 시간에 걸쳐 토지를 일구고 식량을 얻어 생명을 유지해왔다. 그리고 더 비옥한 토지를 쟁취하기 위해 싸웠다. 땅은 하늘에서 내리쬐는 태양의 기운을 받는다. 그리고 하늘에서 내리는 비를 받아서 자양분 삼아 모든 생명에게 살아갈 수 있는 에너지를 공급한다. 땅은 늘 그대로이지만 하늘은 변화무쌍하다. 강력한 태양 빛이 눈부시게 찬란한 날도 있지만, 천둥과 번개가 비바람을 몰고 오기도 한다. 그래서 사람들은 자연히 신은 하늘에 있다고 생각하게 되었다.

하지만 많은 사람들이 신화보다는 역사를 믿는다. 그렇다면 역사는 왜 중요한 걸까? 옛날에는 지금처럼 과학이 발달하지 못했다. 그 시기에 자신은 어디에서 왔는지 알 길이 없었다. 물론 자신을 낳아준 아버지와 어머니는 알 수 있지만 더 거슬러 올라가면 알 수 없었다. 그래서 계속 거슬러 올라가다가 결국 위대한 어떤 존재가 모든 생명을 창조했다고 생각하게 되었다. 그것을 신이라고 믿었고, 그 신은 하늘에 계시며 인간은 하느님의 자손이라는 의식이 모든 종교의 시작이 되었고, 다른 이를 지배하는 명분이 되기도 했다.

신화는 그 지역에서 전해져오는 이야기에 후세 사람들이 자신의 상상을 덧붙이기도 하고, 또 지어내기도 하는데 여기에는 어떤 목적이 포함되기도 했다. 이 과정이 그 민족의 특징이 되기도 하고, 고유한 문화를 창조하기도 하는 것이다.

규슈의 기리시마는 일본 최초로 국립공원으로 지정된 곳이기도 하다. 기리시마 신궁은 아마테라스 오미카미라는 일본 태양의 신을 모시는 신사다. 그의 손자인 니니기노 미고토가 가고시마의 기리시마에 내려와 삼지창을 꽂고 평화를 기원한다. 그의 손자가 일본의 1대 천황인 진무 천황이다. 천손강림 신화의 시작인 것이다. 일본인은 자신들을 태양 신의 후예라고 생각한다. 기리시마 신궁에는 1,000년 된 삼나무가 있다. 산책하는 것만으로도 신비롭고 성스러운 기운이 느껴지는 신사다.

일본의 건국신화는 이자나기, 이자나미라는 오누이 신의 이야기로 시작한다. 왜 하필이면 오누이로 시작했을까? 같은 김해 김씨, 김해 허씨의 결혼조차 허락하지 않았던 우리나라와는 사뭇 대조된다고 나는 생각한다. 일본은 섬나라로 한정된 공간에 모여 살아야 했고, 개인보다는 집단을 우선하는 경향이 있다. 신화조차도 피를 나눈 남매에서 시작한다면 남을 위하는 게 결국 나를 위하는 것일 수도 있으니, 기꺼이 자신을 희생할 명분이 되지 않겠는가?

오누이인 이자나기와 이자나미는 결혼해서 아이 대신 일본 땅을 낳았고, 이후 이자나미는 불의 신을 낳다가 죽게 된다. 홀로 남은 이자나기의 눈과 코에서 세 아이가 나오는데 그중 하나가 아마테라스 오미카미라는 태양 신이다. 아마테라스의 손자가 호노니니기이고, 하늘에서 지상으로 내려오는데, 이것이 신적인 존재가 자신들의 땅을 축복하거나 선조를 이끌었다고 하는 건국 신화의 한 유형인 '천손강림(天孫降臨)'이다. 호노니니기는 3종의 신기(神器)를 받아서 내려오게 되는데, 풍요를 상징하는 옥구슬, 강한 무력을 상징하는 신검, 종교의식에 사용되는 거울이다.

일본 규슈 땅으로 내려온 호노니니기는 두 명의 여인을 만나게 되는데 고노하나와 이와이다. 고노하나는 꽃이라는 뜻의 이름이고, 이와는 바위라는 뜻의 이름이다. 호노니니기는 예쁜 것을 좋아해서 꽃이라는 이름의 고노하나와 결혼한다. 바위와 결혼했다면 영원한 생명을 얻었겠지만 꽃과 결혼했기에 신인 천황도 수명이 짧고 생명이 다해 죽는다는 것을 정당화한 것이다.

호노니니기와 고노하나의 세 번째 아들인 야마사치히코는 바다로 가서 조수신의 딸인 도요타마와 결혼하고 아들을 낳는데 그 이름이 우가야후키아에즈이다. 바다에 살던 우가야는 다시 지상으로 돌아가게 되는데 이모인 다마요리와 함께 돌아온다. 우가야는 이모인 다마요리와 결혼하고 네 아들을 낳게 되는데 그중 막내인 가무야마토이와레비노미코토이다. 그가 야마토를 정벌하고 왕위에 오르는데 그것이 바로 일본의 1대 천황인 진무 천황이다.

    일본이 가장 자랑하는 것 중 하나가 황실이 한 번도 단절된 적이 없다고 주장하는 '만세일계'의 천황제도다. 물론 지금의 천황은 제2차 세계대전에서 패한 후 인간 선언을 하며 신의 지위에서 물러난 듯 보이지만 여전히 일본의 정신적인 지주라고 할 수 있다. 신화에서 나타나듯이 근친상간을 통해 족보가 형성되는 만큼 일본은 사촌끼리 결혼이 가능하다.

    역사적으로 보면 단체 관광의 시작은 성지순례였다. 지금도 그 틀을 크게 벗어나지 않는다. 유럽에 가면 8박 10일의 관광 일정에서 매일 성당에 간다. 일본이라고 해도 크게 별다를 것 없다. 신사나 절 같은 대부분의 관광 일정들이 그 나라의 권력과 돈과 스토리가 모이는 곳을 방문하는 것이다.

    일본인과 신사는 떼려야 뗄 수 없다. 일본 사람들한테 종교가 있냐고 물어보면 대부분은 "종교가 없다"라고 이야기한다. 하지만 태어나서 죽을 때까지 신과 함께 살아가는 것이 일본인의 삶이다. 태어나면 안산의 신에게 가서 기도하고 3, 5, 7살에는 시치고산이라고 해서 신사에 가서 안녕을 기도한다. 어린아이들이 예쁜 기모노를 곱게 차려 입고 부모의 손을 잡고 신사에 기도하러 오는 모습을 보면 참 예뻐 보인다.

    신사에도 등급이 있다. 신궁, 신사, 오테라가 있는데 일반인의 눈으로는 구별이 어렵다. 대부분 천손강림과 관련된 분들을 모시는 곳을 신궁이라고 부른다고 보면 된다. 천황을 신으로 모시는 신궁이 등급이 가장 높다고 볼 수 있겠다. 신궁에 들어가는 입구는 신과 인간의 경계를 구분 짓는 도리이(鳥居)가 있다. '도리'는 새를 '이'는 머문다는 뜻인데 신사에 가서 인간이 소원을 빌면 새가 그 소원을 신에게 전달해준다는 뜻이다. 신궁은 일단 도리이의 규모가 일반 신사에 비해서 압도적으로 큰 경우가 많다. 신궁에서 신에게 기도할 때는 네 번의 박수를 쳐야 한다.

최첨단의 시대를 살아가는 21세기에도 여전히 일본인들이 신사에서 경건히 기도하는 모습은 특히 서양인들에게 좋은 평가를 받는다. 신사의 도리이에는 어디선가 많이 본 금줄이 달려 있다. 볏짚을 꼬아서 짚신을 만들 때 새끼줄처럼 좌우로 길게 늘어뜨리고 하얀 종이를 달아 놓는다. 우리 조상님들이 자식을 낳거나 장을 담글 때 장독에 매어 놓았던 금줄과 생긴 모습이 비슷하다. 나쁜 기운을 막고 좋은 기운을 보호하려는 액막이의 의도가 있다. 일부 학자들은 그 모양이 거친 파도와 번개를 상징한다고 말하기도 한다. 한반도에서 선진문화를 가지고 거친 파도를 건너 일본에 도착한 우리 조상님들의 눈물겨운 항해기일 수도 있다는 것이다.

일본의 신화가 규슈에서 시작되었다는 것이 상징하는 의미는 무엇일까? 규슈의 기리시마의 최고봉인 가라쿠니다케(韓国岳)는 한자 그대로 읽으면 한국악이다. 가야의 철 기술이 일본에 전해지면서 가야인들이 봉우리에 올라가서 가야를 그리워했다고 이야기되어지기도 한다. 규슈는 한반도와 가장 가까운 곳이다. 그렇기에 고대 삼국의 문화가 가장 먼저 전수된 곳이기도 하다. 일본의 신화가 규슈에서 시작했고, 그곳의 산봉우리의 이름이 '한국악'이라는 것은 필시 한반도의 선진문화가 규슈에 가장 먼저 들어왔고, 그로부터 일본에서 어떤 역사가 시작되었다는 것을 보여주는 반증이라고 나는 생각한다. 그렇기에 일본의 역사를 알면 알수록 한반도의 고대 역사가 보이는 것이다. 규슈는 천의 얼굴을 가졌다. 그중에 가장 큰 바위 얼굴은 일본 신화의 성지라는 것이다.

규슈가 주는
뜻밖의 선물

"오환건국이 최고라…." 환단 고기 서문에 나오는 내용이다. 환국이 나라 세움이 가장 오래되었다. 일본은 제국주의 침략 전쟁을 일으키며 우리나라에 들어와서 많은 일들을 했다. 나는 그중에 가장 시정해야 할 것은 우리나라의 역사라고 생각한다.

이마니시 류(今西龍)는 일본의 역사 학자였다. 그 나라의 정신을 말살시키는 가장 좋은 방법은 그 나라의 역사를 왜곡시키는 거라고 생각한 그는 환단고기의 환국에서 환인으로 글자 하나를 바꾸었다. 나라의 역사가 한 개인의 역사로 바뀌는 순간이었다.

우리는 종종 '배달의 민족'이라고 이야기한다. 배달은 '밝달'이라는 밝음과 광명을 사랑하는 민족이라는 뜻이다. 우리는 전 세계에서 가장 빠른 배달 서비스를 자랑한다. 우리나라는 무엇이든 빠르다. 와이파이 속도, 배달의 속도, 밥 먹는 속도, 비행기에서 내리는 속도 등 모든 것이 전 세계 으뜸이다.

손님들을 모시고 관광 일정을 진행할 때 손님들의 식사를 마치는 속도에 놀라고는 한다. 일본인들인 30분 이상 걸리는 식사를 한국 손님들은 15분 만에 끝낸다. 우리는 식사를 마치고 테이블에서 일어나는 속도도 빠르다. 그래서 나는 디저트가 있는 식사는 손님들이 식사를 마치고 일어나기 전에 미리 세팅해달라고 주문을 넣기도 한다. 우리나라의 힘이 있다면 그것은 바로 스피드다.

일본 국민을 하나로 묶어주는 것은 무엇일까? 바로 신에게 선택받은 신의 민족이라는 것이다. 메이지 천황은 살아 있는 신이고 전쟁 때 수많은 젊은이들을 죽음으로 내몬 것도 바로 천황인 신을 위해 아낌없이 자신의 목숨을 바치는 일이었다고 말한다. 바로 가미가제 특공대처럼 말이다. 그 수많은 청춘들의 죽음이 과연 얼마나 신을 기쁘게 했을지는 의문이다. 난세에는 영웅이 필요한 법이다. 태양 신의 후손이라는 일본의 신화가 일본인의 영혼을 하나로 묶어주는 힘이라면, 근대 역사에서 일본인들의 긍지라고 하면 사카모토 료마(坂本龍馬)를 빼놓을 수 없다.

사카모토 료마는 일본인들이 가장 좋아하는 인물이다. 료마는 자신의 부인과 가고시마의 기리시마로 신혼여행을 떠났다. 왜 료마는 그 많은 곳 중에서 일본 신화의 성지인 기리시마로 여행을 갔을까? 물론 가고시마 미야자키는 남쪽 규슈의 따뜻하고 자연이 아름다운 곳이다. 사카모토 료마 또한 일본을 위한 큰 뜻을 품고 하늘이 주는 메시지를 받고 싶었던 것은 아닐까? 그가 신에게 받고자 했던 그 웅대한 꿈과 가슴에 품었던 높은 뜻이 지금 일본 최고의 영웅으로 받들어지고 있는 이유는 아닐까?

규슈는 도래인의 영향을 가장 많이 받은 곳이다. 한반도와 섬나라인 일본은 지난 역사의 크고 작은 사건과 역사의 소용돌이에서 지속적으로 영향을 주고받았다. 가야로부터 철 기술이 전해지고, 백제 무령왕은 일본에서 태어났으며 무령왕의 손녀딸인 고 신립 부인이 50대 간무 천황의 외할머니라고도 일본 역사책인 《고사기》에 적혀 있다. 2002년 아키히토 천황은 한일 월드컵 공동 개최를 맞이해 자신의 외선조계는 백제계라고 직접 전하기도 했다. NHK는 특집 다큐멘터리로 〈천황가는 백제계다〉라는 방송을 3일 연속 다루기도 했다.

일본은 고대사의 역사에 있어 한반도의 영향을 받았다는 콤플렉스를 가지고 있고 한국은 근대사의 역사에 있어 식민지 지배를 받았다는 것에 대한 콤플렉스를 가지고 있다. 하지만 '한국인과 일본인은 유전자적으로 80%가 동일하고 뿌리는 하나인 배다른 이복 형제다'라고 가정해보면 어떨까? 무작정 서로 헐뜯고 미워하지 않고 서로를 존중하며 조금씩 더 알아간다면 좋겠다. 왜냐하면 일본 내에는 많은 한국인들이 거주하고 있고, 한국은 일본과 가장 인접해 있는 나라이기에 좋든 싫든 많은 영향을 주고받을 수밖에 없기 때문이다.

사카모토 료마는 기리시마에서 큰 기운을 얻은 것이 틀림없다. 일본 역사의 가장 혁신적인 사건인 메이지 유신을 성공적으로 이끌었기 때문이다. 쵸슈와 가고시마는 서로 간의 이해관계가 얽혀 있는 앙숙지간이었다. 사카모토 료마는 이 둘을 중재하게 되는데 만약 두 세력이 서로 피 흘리면서 싸우고 힘을 소모했다면 지금의 일본은 없었을 수도 있다. 내전으로 힘을 소모한 끝에 일본 또한 서양 세력의 지배를 받게 되었을 수도 있다. 그 사실을 잘 알고 있는 일본인들이기에 더욱 사카모토 료마를 숭배하는 것이리라.

일본 최고 부자이자 소프트뱅크 그룹의 손정의 회장은 자신의 인생에서 가장 큰 영향을 끼친 인물로 사카모토 료마를 꼽는다. 이상향을 높게 잡고 세상을 위해 공헌하고자 하는 큰 뜻을 품었던 사카모토 료마의 일대기를 다룬 시바 료타로의 《료마전》을 가장 많이 읽었다고 한다. 나 또한 사카모토 료마가 어떻게 메이지 유신의 주역으로 활약할 수 있었는지가 궁금했다. 과연 료마는 어떻게 정치적인 이해를 달리하는 사람들을 협상 테이블로 이끌어낼 수 있었는지 말이다. 가지고 있었던 개인적인 능력과 매력이 출중해서일까? 아니면 하늘이 필요로 한 인물이기에 하늘에서 강한 운을 주었던 것일까?

손정의 회장도 일본 최고 부자라는 신화를 썼다. 사카모토 료마도 자신만의 신화를 썼다. 우리는 평범한 사람들은 생각지도 못한 기적과 같은 일을 해낸 사람들은 보며 "신화를 썼다"라고 이야기한다. 그들의 삶의 자세와 사고방식을 따라 하기도 한다. 지금은 신이 아닌 사람이 신이 되는 세상이 된 것이다.

바야흐로 21세기다. 지금은 인간의 내면에 각자의 신이 있다는 것을 다들 알고 있는 시대다. 자신의 의식에 따라서 자신을 둘러싼 외부 현실을 창조할 수도 있고 성공과 행복을 자신의 내면의 상태를 변화 시킴으로써 끌어당길 수 있다는 사실도 많은 사람들이 알고 있다. 더 이상 옛날 옛적으로 시작하는 신의 이야기에 관심을 갖는 사람들은 별로 없다. 심지어 지금은 하늘을 올려다보는 사람도 거의 없다. 한번 사람들을 잘 보라. 다들 스마트폰을 보며 아래를 바라보고 있을 테니까.

이 시대의 신을 굳이 이야기한다면 연예인이나 아이돌이지 않을까? 반짝반짝 빛나는 그들을 우리는 추앙하고 동경하며 따른다. 그들의 패션을 따라 하기도 하고 그들이 다니는 맛집을 찾아 다니기도 한다. 그들이 왕림하는 곳은 문전성시를 이루고 그들이 한 번 다녀간 것만으로 최고의 홍보 효과를 낸다. 따라서 그들을 영접한다면 돈방석에 앉기도 쉽다. 그들은 팬들의 에너지를 흡수하고 따르는 이들은 자신의 에너지를 아낌없이 갖다 바친다.

규슈는 일본 신화의 성지다. 보이지는 않지만 한반도에서 건너간 우리 선조의 숨결이 살아 있다. 그래서 나는 규슈만 가면 그렇게 마음이 편안하고 좋았나 보다. 마치 객지에서 오래 직장생활을 하다 명절 때 오랜만에 고향에 내려갈 때 느끼는 친숙하고 푸근한 감정 말이다. 뛸 듯이 신나고 기쁘지는 않지만 익숙하면서도 밋밋한 풍경들을 보는 것만으로도 마음이 안정되고 느긋해지는 그런 기분을 다들 알고 있을 것이다.

도쿄나 오사카처럼 화려한 조형물이나 고층 빌딩이 없다고 실망하지 않기를 바란다. 보이는 것이 다가 아니다. 규슈는 일본의 신화가 시작된 곳이었고, 일본을 변화시켜 지금의 일본을 만든 것도 바로 규슈 사람들이다. 규슈는 갈수록 또 가고 싶고, 볼수록 또 보고 싶은 곳이다. 일본인들의 마음의 고향이 바로 규슈다.

내 가슴에
바람이 분다

　여행을 오시는 손님 중 많은 비중을 차지하는 게 모녀 동반 여행이다. 아빠랑 아들이 함께 온다거나 엄마랑 아들이 함께 오는 경우는 그리 많지 않다. 딸이 엄마를 모시고 여행을 오는 경우가 압도적인 비율로 많고 그런 구성원이 많았을 때 전체적인 관광 분위기도 좋은 편이다. 여행하는 모습도 예쁜 그림처럼 그려지는 법이다.

　'딸은 엄마 팔자를 닮는다'는 옛말이 있다. 지금은 여자도 교육을 많이 받고 얼마든지 자신이 하고 싶은 일을 할 수 있는 좋은 시대다. 그래서인지 이런 말은 더 이상 고리타분한 옛말에 지나지 않을 수도 있다. 하지만 내가 손님들을 모시고 다녀보면 딸과 엄마는 분명히 닮아 있다. 외모도 생활습관도 닮아 있고 목소리조차도 닮아 있다. 그렇게 닮아 있는 딸과 엄마는 분명히 사이가 좋아야 하는 게 정상일 것이다. 그런데 정말로 그럴까?

나에게는 조카가 있는데 이란성 쌍둥이다. 그중에 여자 조카는 외모가 새언니보다는 나를 꼭 닮아 있다. 나랑 오빠는 어린 시절에 딱 봐도 남매임을 알 수 있을 정도로 외모가 닮았다. 오빠의 강한 유전자를 닮아서인지 여자 조카는 내 딸이라고 해도 믿을 정도로 나랑 외모가 닮아서 내 유전자를 가진 조카를 보면 은근히 뿌듯해지기도 했다.

조카와 나는 자주 보진 못했다. 내 직업의 특성상 명절이라든지 연휴가 겹치는 날에는 출장이 잦기 때문에 서로 만날 기회가 많지는 않았던 것이다. 어느덧 고등학생이 되어버린 조카와 통화를 하는데 나는 전화를 잘못 건 줄 알았다. 조카의 목소리가 새언니와 똑같았던 것이다. 차분하면서 조용한 새언니의 목소리 톤을 그대로 가지고 있었다. 어렸을 때는 까불거리고 소리도 잘 지르던 조카였는데 말이다. 조카는 어느덧 누구라도 알아챌 수 있는 새언니의 딸이 되어 있었던 것이다.

내가 손님을 모시고 다녀본 경우 엄마와 딸은 사랑하면서도 서로 미워하는 관계인 경우가 많았다. 함께 여행을 나왔지만 3박 4일을 붙어 다니다 보면 감춰놓았던 서운함, 어린시절의 상처받았던 기억 등이 불쑥불쑥 튀어나오기 마련이다. 밤새 서운함을 토로하다 울고 불고 아침에 눈이 통통 부어 나오는 경우도 있다. 그래서 딸과 엄마는 애증의 관계라고 하나 보다.

우리네 엄마들의 삶이 얼마나 힘들었는가? 나의 엄마 또한 1954년에 태어나셨다. 6.25 한국전쟁이 발발한 지 4년 후의 정세가 얼마나 혼돈 그 자체였을지 감히 상상하기도 어렵다. 어린시절 몸이 약하게 태어났던 엄마는 주변 어른들이 살기 어려울 거라고 판단했다고 한다. 돌도 안 지난 갓난애기를 포대기에 싸서 방 한편 구석진 공간에 밀어놓았다고 한다. 곧 죽을 거라고 하면서 말이다. 일주일이 지나 죽었겠거니 하고 포대기를 열어보았더니 엄마는 왼쪽 엄지손가락을 열심히 쪽쪽 빨면서 살아 있었다고 한다. 결국은 열심히 살아준 엄마 덕분에 지금의 내가 있는 것이다.

어린 시절 엄마의 삶은 초등학교를 겨우 졸업했고 고무신을 신고 다니며 보리밥만 드셨다고 한다. 그 조차도 먹을 것이 많지 않아서 배를 곯았다고 한다. 그때야 생기는 대로 낳다 보니 4남 3녀의 대가족에 밥만 굶기지 않아도 부모의 역할을 다했다고 생각하는 게 당연지사다. 사랑을 듬뿍 받으며 자라지 못했음은 자명하다.

우리네 어머니의 삶은 못 배우고 사랑받지 못했고 남자 형제들 뒷바라지를 하기 위해 학교보다는 공장을 택한 경우가 많았다. 그들의 결혼은 중매로 이루어진 결혼이 대부분이었으리라. 잘 알지도 못하는 남자와 결혼해서 맞춰가며 자식을 낳고 키워야만 했다. 게다가 시댁의 시집살이까지 견뎌내야 했다. '귀머거리 삼 년, 봉사 삼 년, 벙어리 삼 년'이라는 말은 우리네 여인들이 얼마나 힘든 인고의 시간을 견뎌야 했는지 알 수 있다.

엄마는 3남 7녀의 집안에 큰며느리로 들어갔다. 해마다 농사철 때는 농사일을 거들어야 했다. 명절에 시골 친할머니댁에 가면 다들 방에서 여유로운 시간을 보내고 있을 때 엄마 혼자서 부엌에서 찬물에 시린 손을 넣고 쌓인 설거지를 하고 계시고는 했다. 나는 엄마의 하나밖에 없는 딸이었다. 엄마의 그런 모습을 보고는 세상이 부조리하다고 느끼고는 했다. 그리고 저렇게 살고 싶지 않다는 생각도 했다. 그래서 나는 내가 지금 하고 있는 인솔 일을 가장 소중히 여기는지도 모르겠다.

나는 규슈 여행 때 엄마와 이모를 손님으로 모시고 왔다. 엄마를 모시고 진행하는 첫 일본 관광이었다. 첫날 후쿠오카에 들어와서 오이타의 우사 신궁을 구경했다. 그리고 구마모토현 아소시에서 일박을 했다. 아소시는 부처님이 누워 계시는 형태의 아소산의 멋진 경치를 바라 볼 수 있는 최적의 온천호텔들이 많다. 식사도 스시, 사시미 등 일식과 스테이크, 파스타 등 양식을 맛볼 수 있게 잘 나오는 편이다. 활화산인 아소산 덕분에 뜨거운 온천이 콸콸 흘러 넘친다. 그 천연 온천수를 그대로 받아 내리 욕장에 몸을 담근다.

온천이라고 해서 다 좋은 것이 아니다. 진짜 좋은 온천은 들어가며 프런트 직원한테 이렇게 물어보면 된다. "가케나가시데스까?" 이 말은 "(이 물은)콸콸 흘러넘치는 온천수를 그대로 받아서 쓰는 겁니까?"라는 말이다. 의외로 일본도 천연온천을 사용하는 곳이 많지 않다. 물을 저장해서 데워서 쓰거나 순환해서 쓰는 경우도 많다. 후쿠오카 시내에 위치한 호텔이라든지 소규모의 비즈니스호텔은 그러한 경우가 많다고 보아도 된다.

이틀 째는 아소산 경치를 바라보고 오이타로 넘어가서 오이타에서 2박을 하는 일정이었다. 저녁식사는 자유 석식이었는데 그때만 해도 맛집이라든지 이런 정보를 많이 가지고 있지 않았다. 오이타의 옛 지명은 분고라고 한다. 분고 지역의 다이묘는 천주교를 일본에서 처음으로 받아들였고 가장 많은 교세를 확장하기도 했다. 나중에 도요토미의 박해를 받아 가장 많은 순교자가 나오기도 했다. 운젠, 히라도, 뱃부 등은 매년 성지순례 차 많은 종교인이 여행을 오는 곳이기도 한다. 오이타시는 뱃부시의 바로 옆에 있다. 하지만 뱃부시와의 분위기는 사뭇 다르다. 여기저기 온천지에서 연기가 피어오르는 뱃부와는 달리 오이타는 차분하고 밥집, 술집이 간간히 있을 뿐이다.

나는 그때 일본의 김밥천국이라고 할 수 있는 '마츠야'에 엄마와 이모를 모시고 갔다. 여기저기 식당들은 다 퇴짜를 맞았고 예약 없이 일본 식당을 무턱대고 들어가서 식사하는 것은 쉽지 않았다. 우리는 소고기 덮밥을 주문했다. 미소시루와 단무지 반찬도 다 추가요금이 붙었다. 덮밥과 단무지, 미소시루를 일인당 650엔, 우리나라 돈으로 6,500원 정도에 먹었다. 지금 생각하면 첫 여행에 좀 더 맛 좋고 고급스러운 식당을 모시고 가지 못한 듯해서 미안하기도 하다. 그래도 3일 내내 날씨도 좋았고 엄마와 이모는 함께 지내며 지나간 이야기도 많이 하고 부쩍 사이가 좋아진 듯했다.

나는 사실 엄마와 이모에게 들려주고 싶은 이야기가 있어 여행에 모시고 왔었다. 힘들었던 시기에 태어나서 부모의 사랑을 충분히 받고 자라지 못한 엄마와 이모에게 감사하고 존경한다는 이야기를 하고 싶었기 때문이다. 나는 그 엄마의 딸이고 그 이모의 조카이지만 나는 내 인생을 사랑하고 당당히 살고 있다는 것도 보여주고 싶었다. 여행을 떠나올 수 있다는 것만으로도 충분히 인생의 성공자다. 여행을 떠나서 좋은 것을 보고 맛보고 함께 인생을 추억할 수 있는 핏줄이 있다는 것만으로도 인생은 충분히 살아나갈 가치가 있다. 나는 그런 엄마와 이모에게 오이타에서 내리는 마지막 인사 순서에 다른 손님들 앞에서 감사와 사랑의 인사를 드렸다. 마치 무대에서 상을 받고 수상소감을 말하듯이 말이다. 이 시대의 모든 엄마와 딸에게 바친다. 수고해줘서 감사합니다! 사랑합니다!

내 인생에서
힘이 되어준 규슈 여행

여행은 만남의 연속이다. 여행을 떠나면서 누구나 멋진 경치를 보고 감탄하기를 바란다. 타국의 맛있는 식사를 하면서 행복지기를 원한다. 나는 여행을 하는 첫날 항상 하는 이야기가 있다. 여행이란 "내 집 밥이 제일 맛있고, 내 집 잠이 제일 편하다라는 걸 확인하는 여정입니다"라고 말이다. 결론은 일본에 와서 너무 기대만 하지 말라는 말이다. 기대가 클수록 실망도 큰 법이니 말이다.

사람 사는 것이야 다 똑같은 것이 아니겠는가? 외부에서 주어지는 행복을 기대하고 여행을 떠나기 때문에 여행에서 실망하는 것이다. 떠나오기만 하면 뭔가 큰 행복이 주어질 것이라고 착각하기 마련이다. 불편한 진실을 하나 말하자면 '외부에서 주어진 행복은 언젠가는 다 배신하기 마련이다'라는 것이다. 오로지 내 안에서 내면의 행복이 갖추어졌을 때 어디를 가든, 설령 그곳이 아프리카 사막이라고 할지라도 행복함과 충만함을 맛보리라.

규슈는 특히 볼거리가 많지 않은 곳이라 이런 이야기를 누누이 했다. 물론 일본 신화의 성지고, 일본 역사의 시작이며, 지금의 일본을 만든 도자마 다이묘와 도자기 기술의 발상지인 곳이다. 그 의미만 놓고 보자면 일본 여행의 진수가 있는 곳이다. 특히 완고한 보수주의자인 규슈 출신들은 생활력이 강하고 인내심이 강해서 어딜 가든 신부감, 신랑감으로 인기가 좋다. 하지만 오랜 시간 소외되고 배척되었기에 화려한 볼거리와 오래된 역사 유적이 없는 것 또한 맞는 말이다.

규슈에서 가장 큰 도시는 후쿠오카(福岡)다. 하카다항과 후쿠오카공항을 가진 후쿠오카는 인구 약 160만 명의 대도시. 후쿠오카는 행복의 언덕이라는 뜻인데 공항이 시내에서 가깝다는 게 장점이다. 공항에서 내려서 시내 관광지를 이동하는 데 15~20분 이내로 갈 수 있다. 다른 지역들이 공항에서 시내로 가는 것만으로도 한두 시간 소요된다는 것을 고려할 때 얼마만큼 후쿠오카를 통해서 규슈 여행을 하는 것이 이동시간을 절약하는 가성비 있는 여행인지 알 수 있다.

규슈의 구주산을 지명으로는 고고노에라고 말한다. 고고노에에 가면 숙박지로 자주 묵는 '유유테이'라는 온천지가 있다. 1,000미터가 넘는 산속에 위치하고 있다. 접근성이 용이하지 않기 때문에 차를 가지고 개인 여행을 오는 관광객은 많지 않다. 그래서인지 온천마을로 들어가는 입구의 길은 굉장히 좁다. 안쪽에 위치한 작은 료칸을 이용하기 위해서는 마을 초입에 내려 관광객은 도보로 이동하고 짐을 료칸 사장님의 개인 차를 이용해 운반해주어야 한다. 이러한 사정이니 여간해서는 많은 수의 관광객들을 수용하기에 무리가 있다.

유유테이를 이용하는 이유는 고고노에 온천지에서 가장 큰 호텔이면서도 주차하기에 편리하기 때문이다. 가면 휜털에 눈부신 '엔젤'이라는 이름의 개가 있다. 개 모델 대회에서 우승을 할 정도로 아름다운 외모를 자랑한다. 1,000미터가 넘는 산을 올라와서 굽이굽이 아홉 겹의 구주산을 돌아서 도착한 손님들을 엔젤이 맞이해주면 차를 장시간 탄 여행의 피로가 한순간에 눈 녹듯이 사라진다고 한다.

유유테이의 객실은 방마다 노천온천이 구비되어 있다. 아주 추운 한겨울만 아니라면 산속의 맑은 공기를 마시며 히노키 온천욕을 할 수 있다. 저 멀리 지열 발전소에서 뿜어져 나오는 흰색 연기를 볼 수 있다. 분화 후에 뜨거운 온천수에는 달걀을 삶을 수도 있다. 그 뜨거운 지열이 고고노에의 온천지를 유지하게 해주는 힘의 원천이다.

일본에서 좋은 온천호텔을 알 수 있는 방법은 프런트 직원을 보면 된다. 머리가 하얗고 나이가 지긋하신 분이 프런트 직원으로 근무하고 있다면 이 호텔은 역사와 전통이 있는 호텔이라고 보아도 된다. 우리나라는 대부분 20~30대가 프런트에서 손님을 맞이하는 것과 대조적이다. 한평생 자신의 인생을 호텔과 함께하는 일본인, 그것이 일본이 자랑하는 료칸 문화이기도 하다. 호텔에 하루 묵어가는 손님들을 자신의 가족처럼 친근하면서도 정성스럽게 대접하는 '오모테 나시' 문화 말이다.

　나는 규슈 여행의 가장 매력은 일본의 친근하면서도 정성스러운 그러면서도 소박한 일본인의 감성을 가장 느낄 수 있는 료칸 여행이라 말하고 싶다. 하루를 묵는 것만으로도 편안하고 그들의 정성스런 접대에 마음껏 응석을 부리고 싶은 개구쟁이 마음이 되살아난다고 해야 할까? 그들은 우리가 일본인의 장점이라고 생각하는 모습인 상냥함, 정직함, 겸손함을 가지고 우리를 맞이한다.

　고고노에는 한국 관광단체가 숙박 장소로 이용하면서 다시 살아난 곳이다. 일본 경기가 좋을 때 여기저기 우후죽순처럼 생겨난 온천지는 정말 많다. 특히 규슈는 지형의 특성상 산속 마을에 위치하는 경우가 대부분이다. 접근성이 용이하지 않기에 손님들이 찾지 않아 폐업하는 온천지도 많은 것이다. 그곳을 한국 관광단체가 대규모 단위로 이용을 하게 된 것이다.

　감사한 마음에 그들은 한국 관광객이 아침에 출발할 때 한국 국기와 일본 국기를 동시에 가지고 나온다. 전 직원들이 나와서 깃발을 흔들며 하룻밤을 묵고 떠나가는 관광객들을 환송하는 것이다. 전 직원의 깃발 인사를 받으며 다음 행선지를 향하는 아침시간은 감사를 넘어서 뭉클하기까지 하다.

　예전의 한 손님은 그들의 인사를 받으며 갑자기 눈물을 흘리시는 것이다. 이런 인사를 처음 받아보셨다는 것이다. 일본인들이 한국 손님을 이렇게 환송해주리라 생각지도 못했다는 것이다. 한참 눈물을 흘리는 손님을 보면서 나는 생각했다. 여행에서 얻을 수 있는 가장 큰 선물은 현지인들이 보내주는 따뜻한 마음이라는 것을 말이다.

후쿠오카시에서 1시간 안에 갈 수 있는 '아마가세'라는 온천지가 있다. 아마가세에 가면 '우키하'라는 료칸이 있다. 그곳의 여사장님은 이름이 준코인데 한글 이름은 순자다. 원래 전통 료칸들은 온천장의 사장이 여자였다. 며느리나 딸에게 료칸을 물려주기도 했다. 규슈는 다른 지역에 비해 여전히 여사장들의 전통이 유지되는 곳이다.

예전의 사무라이들은 유일하게 칼을 빼놓고 휴식을 취하는 곳이 료관의 온천지였다. 그래서 온천에서 부상의 치료를 겸하며 휴식을 취하는 사무라이 곁에는 여자들만 접근이 가능했다. 일본의 온천장에는 남탕의 청소도 여자가 한다. 가끔 남성 손님들은 자기가 목욕하는데 여자가 들어왔다며 놀랐다고 하신다. 그러면 나는 "놀라지 마시고 아리가토라고 이야기하세요"라며 웃고는 한다.

나는 아마가세의 우키하에서 숙박하는 것을 제일 좋아했다. 단 하루 잠만 자고 가도 하루의 피로가 풀리고는 했다. 우키하는 별관과 본관으로 나누어져 있다. 주로 손님들은 별관에 묵는다. 6층 건물의 작은 료칸이지만 내부 구조는 은근히 복잡하다. 항상 들어가면 그림을 그려서 이동 동선을 파악해야 한다. 일본은 닌자의 문화가 아닌가. 사무라이들이 잠을 자면 그들이 어디선가 목숨을 노리기 때문에 미로처럼 복잡한 구조를 가지는 것이 특징이다. 엘리베이터는 좁고 연결통로를 타고 식당으로 가는 길, 온천으로 가는 길이 연결되어 있다. 료칸에 하루 묵는 것도 정신을 바짝 차리고 다녀야 하는 것이다.

별관에 방이 없을 때는 본관에 묵기도 한다. 아침에 일어나 노천을 하면서 바라보는 삼나무 숲을 특히 나는 좋아한다. 깨끗한 공기와 맑고 청명한 하늘을 바라보며 노천온천을 하고 있노라면 더할 나위 없는 충만함을 느끼고는 했다. 맑은 계곡이 흘러내리고 삼나무 숲이 둘려 쌓여 있는 아마가세가 난 참 좋다. 온천 후에 조식을 먹으러 간다. 고시히카리 품종의 따뜻하고 눈부신 쌀밥에 미소 된장국 한 그릇만 있어도 속이 든든해진다. 아마가세의 온천은 온몸의 붓기를 싹 빼주는 특효약이다. 하루밤을 묵은 손님들의 얼굴에서도 광채가 난다.

우리가 버스에 다 승차를 하면 여사장인 준코 상이 인사를 하러 차에 탑승한다. 기모노를 아름답게 차려입은 준코 상은 한국 드라마 마니아다. 능숙한 한국어로 "잘 주무셨습니까? 일본 여행 즐거우십니까? 오늘은 어디를 가세요?"라며 인사한다. 그리고 자신이 준비한 초콜릿을 선물로 준다. 손님들은 예상하지 못한 환대에 다들 즐거워하신다. 만면 가득히 웃음 띤 얼굴로 "네, 정말 즐겁습니다. 오늘은 뱃부에 갑니다"라고 답한다. 준코 상의 환대를 받으며 출발하는 그날의 여행은 모든 것이 좋다. 날씨도 기분도 모든 것이 완벽해진다. 나는 그날 나의 직업이 정말 행복한 직업이라는 것을 깨닫는다. 그리고 나의 직업을 새삼 천직으로 여기게 된다. 지친 나에게 힘이 되어준 규슈의 료칸 여행이 지금도 그립다.

日本

일본 여행을 가장 행복하게 하는 방법

제1판 1쇄 2024년 10월 1일

지은이 　 허근희
펴낸이 　 한성주
펴낸곳 　 ㈜두드림미디어
책임편집 　우민정
디자인 　 얼앤똘비악(earl_tolbiac@naver.com)

㈜두드림미디어
등록 　　2015년 3월 25일(제2022-000009호)
주소 　　서울시 강서구 공항대로 219, 620호, 621호
전화 　　02)333-3577
팩스 　　02)6455-3477
이메일 　dodreamedia@naver.com(원고 투고 및 출판 관련 문의)
카페 　　https://cafe.naver.com/dodreamedia

ISBN 　 979-11-94223-01-6 (13980)

책 내용에 관한 궁금증은 표지 앞날개에 있는 저자의 이메일이나
저자의 각종 SNS 연락처로 문의해주시길 바랍니다.

책값은 뒤표지에 있습니다.
파본은 구입하신 서점에서 교환해드립니다.